PRIÈRES

A L'USAGE

DE LA COMMUNAUTÉ

DES FILLES

DE LA CHARITÉ.

PARIS,

IMPRIMERIE DE E.-J. BAILLY,

PLACE SORBONNE, 2.

—

1837.

TABLE

DE CE QUI EST CONTENU DANS CE LIVRE.

FIN DE LA TABLE.

PRIÈRES
DU MATIN.

Souvenons-nous que Dieu veut être adoré en esprit et en vérité, et pour cela prions-le de tout notre cœur avec attention.

In nomine Patris, et Filii, et Spiritûs Sancti. Amen.

Mettons-nous en la présence de Dieu, et l'adorons.

O très sainte Trinité, Père, Fils et Saint-Esprit, un seul Dieu en trois personnes, je crois que vous êtes présent ici, même en moi, et que vous avez les yeux arrêtés sur mes pensées, paroles et actions, pour m'en récompenser un jour ou m'en punir.

Prosternée aux pieds de votre divine majesté, je vous adore avec tout respect et soumission, vous reconnaissant pour mon créateur, mon souverain Seigneur, et mon Dieu, de qui je dépends en toutes choses pour le temps et pour l'éternité, et à qui je dois et veux obéir en tout, et à jamais.

Remercions Dieu de tous les bienfaits que nous avons reçus de lui.

Je vous rends grâces, ô mon Dieu, de ce que vous m'avez créée pour vous connaître, vous aimer, servir et posséder ; et de ce que vous m'avez rachetée par le précieux sang de votre cher Fils, appelée à l'Eglise, et à cet état de vie où j'ai le bien d'être, de m'avoir conservée cette nuit, et généralement de tous les bienfaits et grâces que vous m'avez faits depuis que je suis au monde.

Excitons-nous au regret d'avoir offensé Dieu, avec résolution de nous amender.

Mon Dieu, je vous demande pardon de tous mes péchés, j'en ai regret et horreur, parce que ce sont des offenses contre votre infinie bonté, que j'aime par dessus toutes choses : je veux m'en garder à l'avenir, moyennant votre sainte grâce.

Offrons a Dieu ce que nous ferons et souffrirons aujourd'hui.

Mon Dieu, je vous offre toutes mes pensées, paroles et actions de ce jour, avec ce que j'y souffrirai, afin que le tout soit pour votre gloire et pour mon salut ; donnez-y, s'il vous plaît, votre bénédiction.

Recommandons à Dieu toutes les nécessités de l'Eglise, tant générales que particulières, avec celles qui nous regardent de plus près.

Mon Dieu, je vous recommande toutes les nécessités de l'Eglise, tant en général qu'en particulier, et entre autres, celles de mes parens, de mes bienfaiteurs, de la Compagnie, et les miennes propres.

Recommandons-nous à la Sainte Vierge.

O glorieuse Vierge, ma très chère mère et avocate, obtenez-moi, s'il vous plaît, de votre cher fils cette grâce, que toutes mes pensées, paroles et actions ne tendent qu'à accomplir sa très sainte volonté.

Demandons l'assistance de notre Ange gardien.

Mon bon Ange et fidèle gardien, puisque Dieu m'a mise sous votre protection, continuez-moi, s'il vous plaît, vos charitables soins ; m'éclairant pour connaître mes devoirs ; me fortifiant pour m'en acquitter ;

me défendant contre les ennemis de mon
salut, et me gouvernant, de sorte qu'après
cette vie je puisse avec vous posséder et
glorifier mon Dieu éternellement dans
l'autre.

Oraison à Saint Vincent de Paul, notre père.

O Dieu, qui, pour faire annoncer l'E-
vangile aux pauvres, soulager les misères
de ceux qui sont abandonnés ou malades,
et augmenter l'honneur de l'ordre ecclé-
siastique, avez fait éclater l'esprit de votre
fils dans la charité et dans l'humilité apos-
tolique de Saint Vincent de Paul : accordez-nous, par son intercession, qu'étant
délivrées des misères de nos péchés, nous
vous soyons toujours agréables par la même
charité et par la même humilité. C'est ce
que nous vous demandons par le même
Jésus-Christ votre fils, notre Seigneur,
qui, dans l'unité du même Saint-Esprit,
vit et règne avec vous dans tous les siècles
des siècles. Ainsi soit-il.

Prions pour le salut de tous.

O Dieu qui avez aimé les âmes jusqu'à
verser votre sang et souffrir la mort pour
elles, appliquez-leur les mérites de ce

sang et de cette mort ; et faites qu'aidées de votre grâce, elles ne vivent que pour vous dans le temps et dans l'éternité.

Invoquons le Saint-Esprit afin d'obtenir son assistance pour bien faire notre oraison.

Veni, Sancte Spiritus, reple tuorum corda fidelium, et tui amoris in eis ignem accende.

v. Emitte spiritum tuum, et creabuntur;

r. Et renovabis faciem terræ.

Oremus.

Deus, qui corda fidelium Sancti Spiritûs illustratione docuisti, da nobis in eodem spiritu recta sapere et de ejus semper consola-

Venez, Esprit Saint, remplissez les cœurs de vos fidèles, allumez en eux le feu de votre amour.

v. Envoyez votre esprit, il se fera une création nouvelle;

r. Et vous renouvellerez la face de la terre.

Prions.

O Dieu qui avez instruit et éclairé les cœurs des fidèles par la lumière de votre esprit, donnez-nous cet esprit saint qui nous fasse goûter et aimer le bien, et qui répande toujours en nous la

ioie et la consolation que lui seul peut donner. Par Jésus-Christ notre Seigneur. Ainsi soit-il.	tione gaudere. Per Christum Dominum nostrum. ℟. Amen.

Puis la lecture du sujet de l'oraison.

Conclusion de l'oraison.

Remercions Dieu des grâces que nous avons reçues de sa bonté pendant notre oraison.

Mon Dieu, je vous remercie des saintes lumières et bons sentimens que vous m'avez donnés dans cette oraison; que tous vos Saints et Saintes vous en rendent grâces pour moi.

Offrons à Dieu notre cœur avec toutes les bonnes affections et résolutions qu'il a plu à sa bonté de nous donner.

Je vous offre, ô mon Dieu, mon corps, mon âme, et tout ce que je suis: je vous offre aussi tous les bons mouvemens et bonnes résolutions que vous avez donnés à mon pauvre cœur: ce sont des effets de votre grâce: je vous les rapporte comme à leur principe: à vous seul en soit toute la gloire.

Demandons à sa divine Majesté la grâce de mettre en pratique nos résolutions.

O mon Dieu, qui ne vous contentez pas des bons desseins, mais qui voulez des effets, c'est de vous de qui je les attends, et de votre grâce, afin qu'après m'avoir donné le vouloir, vous fassiez par votre miséricorde et par les mérites de notre Seigneur et de ceux de vos Saints, que j'en vienne à l'exécution.

ANGELUS Domini nuntiavit Mariæ, et concepit de Spiritu Sancto.

Ave, Maria.

Ecce ancilla Domini, fiat mihisecundùm verbum tuum.

Ave.

Et Verbum caro factum est, et habitavit in nobis.

Ave.

v. Ora pro nobis, sancta Dei genitrix.

L'ANGE du Seigneur annonça à Marie qu'elle enfanterait un fils, et elle l'a conçu par l'opération du Saint-Esprit.

Je vous salue, etc.

Voici la servante du Seigneur, qu'il me soit fait selon votre parole.

Je vous salue, etc.

Le Verbe s'est fait chair, et il a habité parmi nous.

Je vous salue.

v. Priez pour nous, sainte Mère de Dieu

℟. Afin que nous soyons rendus dignes des promesses de J.-C.

℟. Ut digni efficiamur promissionibus Christi.

Prions.

Oremus.

Nous vous prions, Seigneur, de répandre votre grâce dans nos âmes, afin qu'ayant connu par le ministère de l'ange, l'incarnation de Jésus-Christ votre fils, nous parvenions par les mérites de sa passion et de sa croix, à la gloire de sa résurrection. Par le même Jésus-Christ notre Seigneur. Ainsi soit-il.

GRATIAM tuam, quæsumus, Domine, mentibus nostris infunde, ut qui angelo nuntiante Christi filii tui incarnationem cognovimus, per passionem ejus et crucem ad resurrectionis gloriam perducamur. Per eumdem Christum Dominum nostrum. Amen.

LES LITANIES.

Du Saint Nom de Jésus.

SEIGNEUR, ayez pitié de nous.

KYRIE, eleison.

Christe, eleison. | Jésus-Christ, ayez pitié de nous.

Kyrie, eleison. | Seigneur, ayez pitié de nous.

Jesu, audi nos. | Jésus, écoutez-nous.

Jesu, exaudi nos. | Jésus, exaucez-nous.

Pater de cœlis, Deus, mis. nob. | Père céleste, qui êtes Dieu, ayez pitié de n.

Fili, redemptor mundi, Deus, | Fils, rédempteur du monde, qui êtes Dieu,

Spiritus sancte, Deus, | Esprit Saint, qui êtes Dieu,

Sancta Trinitas unus Deus, | Trinité sainte, qui êtes un seul Dieu,

Jesu, Fili Dei vivi, | Jésus, Fils du Dieu vivant,

Jesu, splendor Patris, | Jésus, splendeur du Père,

Jesu, candor lucis æterna, | Jésus, éclat de la lumière éternelle,

Jesu, Rex gloriæ, | Jésus, roi de gloire,

Jesu, sol justitiæ, | Jésus, soleil de justice,

Jesu, fili Mariæ Virginis, | Jésus, fils de la Vierge Marie,

Jesu, admirabilis, | Jésus, admirable,

Jesu, Deus fortis, | Jésus, Dieu fort,

Miserere nobis. — *Ayez pitié de nous.*

Jésus, père du siècle à venir,	Jesu, Pater futuri sæculi,
Jésus, ange du grand conseil,	Jesu, magni consilii Angele,
Jésus, très puissant,	Jesu potentissime,
Jésus, très patient,	Jesu patientissime,
Jésus, très obéissant,	Jesu, obedientissime,
Jésus, doux et humble de cœur,	Jesu, mitis et humilis corde,
Jésus, qui aimez la chasteté,	Jesu, amator castitatis,
Jésus, qui nous aimez tendrement,	Jesu, amor noster,
Jésus, Dieu de paix,	Jesu, Deus pacis,
Jésus, auteur de la vie,	Jesu, auctor vitæ,
Jésus, modèle des vertus,	Jesu, exemplar virtutum,
Jésus, zélé pour le salut des âmes,	Jesu, zelator animarum,
Jésus, notre Dieu,	Jesu, Deus noster,
Jésus, notre refuge,	Jesu, refugium nostrum,
Jésus, père des pau-	Jesu, pater

Ayez pitié de nous.

Miserere nobis.

pauperum,
Jesu thesaurus
fidelium,
Jesu, bone pastor,
Jesu, lux vera,
Jesu, sapientia æterna,
Jesu, bonitas infinita,
Jesu, via et vita nostra,
Jesu, gaudium angelorum,
Jesu, magister apostolorum,
Jesu, doctor evangelistarum,
Jesu, fortitudo martyrum,
Jesu, lumen confessorum,
Jesu, puritas virginum,
Jesu, corona Sanctorum omnium,

Miserere nobis.

Propitius esto, parce nobis,

vres,
Jésus, trésor des fidèles,
Jésus, bon pasteur,
Jésus, vraie lumière,
Jésus, sagesse éternelle,
Jésus, bonté infinie,
Jésus, notre voie et notre vie,
Jésus, la joie des Anges,
Jésus, le maître des Apôtres,
Jésus, le docteur des Evangélistes,
Jésus, la force des Martyrs,
Jésus, la lumière des Confesseurs,
Jésus, la pureté des Vierges,
Jésus, la couronne de tous les Saints,

Ayez pitié de nous.

Soyez-nous favorable, pardonnez-

nous, Jésus,	Jesu.
Soyez-nous favorables, exaucez-nous, Jésus,	Propitius esto, exaudi nos, Jesu.
De tout péché, délivrez-nous, Jésus.	Ab omni peccato, libera nos, Jesu.
De votre colère,	Ab ira tua, lib.
Des embûches du démon,	Ab insidiis diaboli,
De l'esprit d'impureté,	A spiritu fornicationis,
De la mort éternelle,	A morte perpetua,
Du mépris de vos inspirations,	A neglectu inspirationum tuarum,
Par le mystère de votre sainte incarnation,	Per mysterium sanctæ incarnationis tuæ,
Par votre naissance,	Per nativitatem tuam,
Par votre enfance,	Per infantiam tuam,
Par votre vie toute divine,	Per divinissimam vitam tuam,
Par vos travaux,	Per labores tuos,
Par votre agonie et	Per agoniam

et passionem tuam,	votre passion,
Per crucem et derelictionem tuam,	Par votre croix et votre abandonnement.
Per languores tuos,	Par vos langueurs.
Per mortem et sepulturam tuam,	Par votre mort et votre sépulture,
Per resurrectionem tuam,	Par votre résurrection,
Per ascensionem tuam,	Par votre ascension,
Per gaudia tua,	Par vos joies,
Per gloriam tuam,	Par votre gloire,

Libera nos, Jesu. — *Délivrez-nous, Jésus.*

Agnus Dei, qui tollis peccata mundi, parce nobis Jesu.	Agneau de Dieu, qui effacez les péchés du monde, pardonnez-nous, Jésus.
Agnus Dei, qui tollis peccata mundi, exaudi nos, Jesu.	Agneau de Dieu, qui effacez les péchés du monde, exaucez-nous, Jésus.
Agnus Dei, qui tollis peccata mundi, miserere nobis, Jesu.	Agneau de Dieu, qui effacez les péchés du monde, ayez pitié de nous, Jésus.
Jesu, audi nos.	Jésus, écoutez-nous.

Jésus, exaucez-nous. | Jesu, exaudi nos.

Prions. | *Oremus.*

Seigneur Jésus-Christ, qui avez dit : demandez et vous recevrez, cherchez et vous trouverez, frappez et l'on vous ouvrira, nous vous supplions d'accorder à nos prières l'affection de votre divin amour, afin que nous vous aimions de tout notre cœur, et qu'en vous confessant de bouche et d'action, nous ne cessions jamais de vous louer.

Seigneur Jésus-Christ, inspirez-nous toujours des sentimens de crainte et d'amour pour votre humanité unie à la Divinité même, parce que vous n'abandonnez jamais ceux que vous éta-

Domine Jesu Christe, qui dixisti : petite et accipietis, quærite et invenietis, pulsate et aperietur vobis : quæsumus da nobis petentibus divinissimi tui amoris affectum, ut te toto corde, ore, et opere diligamus, et à tua nunquam laude cessemus.

Humanitatis tuæ ipsa Divinitate unctæ, Domine Jesu Christe, timorem, pariter et amorem fac nos habere perpetuum : quia nunquam tua gubernatione destituis, quos in soliditate tuæ dilectionis instituis. Qui cum Patre et Spiritu Sancto vivis et regnas Deus, per omnia sæcula sæculorum. ℞. Amen.

blissez solidement dans votre amour. Accordez-nous cette grâce, vous qui, étant Dieu, vivez et régnez dans tous les siècles des siècles.

℞. Ainsi soit-il.

Pour les Pécheurs. Ps. 50.

MISERERE meî, Deus, secundùm magnam misericordiam tuam.

Et secundùm multitudinem miserationum tuarum: dele iniquitatem meam.

Ampliùs lava me ab iniquitate mea: et à peccato meo munda me.

Quoniam iniquitatem meam

AYEZ pitié de moi, mon Dieu, selon l'étendue de votre miséricorde.

Et effacez tous mes crimes selon la grandeur et la multitude de vos bontés.

Lavez-moi de plus en plus de mo péché, et purifiez-moi de mon offense.

Car je reconnais mon iniquité, et mon péché

est toujours présent devant moi.

J'ai péché contre vous seul, et j'ai fait le mal devant vous : pardonnez-moi, afin que vous soyez reconnu fidèle dans vos promesses, et irréprochable dans vos jugemens.

J'ai été engendré dans l'iniquité, et ma mère m'a conçu dans le péché.

Vous aimez la vérité, et vous m'avez inspiré en secret la connaissance de votre sagesse.

Purifiez - moi avec l'hyssope, et je serai pur : lavez-moi, et je deviendrai plus blanc que la neige.

Faites -moi entendre une parole de consola-

ego cognosco : et peccatum meum contra me est semper.

Tibi soli peccavi et malum coram te feci : ut justificeris in sermonibus tuis et vincas cum judicaris.

Ecce enim in iniquitatibus conceptus sum : et in peccatis concepit me mater mea.

Ecce enim veritatem dilexisti : incerta et occulta sapientiæ tuæ manifestasti mihi.

Asperges me, Domine, hyssopo et mundabor : lavabis me, et super nivem dealbabor.

Auditui meo dabis gaudium et

lætitiam: et exultabunt ossa humiliata.

Averte faciem tuam à peccatis meis : et omnes iniquitates meas dele.

Cor mundum crea in me, Deus: et spiritum rectum innova in visceribus meis.

Ne projicias me à facie tua: et Spiritum sanctum tuum ne auferas à me.

Redde mihi lætitiam salutaris tui : et spiritu principali confirma me.

Docebo iniquos vias tuas: et impii ad te convertentur.

Libera me de sanguinibus,

tion et de joie, et mes os, que vous avez brisés, tressailleront d'allégresse.

Détournez vos yeux pour ne plus voir mes offenses, et effacez tous mes péchés.

Mon Dieu, créez en moi un cœur pur, et renouvelez l'esprit de droiture et de justice au fond de mon âme.

Ne me rejetez pas de votre présence, et ne retirez pas de moi votre saint Esprit.

Rendez-moi la joie de votre assistance salutaire, et fortifiez-moi par votre esprit souverain.

J'apprendrai aux pécheurs vos voies et votre conduite, afin qu'ils reviennent à vous.

O Dieu, ô Dieu mon sauveur, délivrez-moi

des hommes de sang, et ma langue publiera votre justice.

Seigneur, ouvrez mes lèvres, et ma bouche annoncera vos louanges.

Si vous aimiez les sacrifices, je vous en offrirais ; mais les holocaustes ne vous sont point agréables.

Le sacrifice que Dieu demande est un esprit pénétré de douleur : vous ne rejetterez pas, ô Dieu, un cœur contrit et humilié.

Seigneur, répandez vos bénédictions sur Sion, afin qu'on bâtisse les murs de Jérusalem.

Vous accepterez alors les sacrifices de justice, les offrandes et les ho-

Deus, Deus salutis meæ : et exultabit lingua mea justitiam tuam.

Domine, labia mea aperies : et os meum annuntiabit laudem tuam.

Quoniam si voluisses sacrificium, dedissem utique : holocaustis non delectaberis.

Sacrificium Deo spiritus contribulatus : cor contritum et humiliatum Deus non despicies.

Benignè fac, Domine, in bona voluntate tua Sion : ut ædificentur muri Jerusalem.

Tunc acceptabis sacrificium justitiæ, oblationes et

holocausta : tunc imponent super altare tuum vitulos.

locaustes; alors on vous offrira des victimes sur vos autels.

Gloria Patri, et Filio, et Spiritui Sancto.

Gloire au Père, au Fils, et au Saint-Esprit.

Sicut erat in principio et nunc et semper, et in sæcula sæculorum. ℞. Amen.

A présent et toujours, comme dès le commencement, et dans tous les siècles des siècles.

℞. Ainsi soit-il.

Oraison pour les Supérieurs.

Omnipotens sempiterne Deus, qui facis mirabilia magna solus: prætende super famulos tuos, et super congregationes illis commissas, spiritum gratiæ salutaris : et ut in veritate tibi complaceant, perpetuum eis roris tuæ benedictionis infunde.

Dieu tout puissant et éternel, qui seul opérez les plus grandes merveilles, donnez à vos serviteurs et aux congrégations qui leur sont confiées l'esprit de grâce salutaire, et, afin qu'ils vous soient véritablement agréables, répandez sur eux la rosée de votre bénédiction. Par Jésus-Christ notre Seigneur.

Ainsi soit-il.

Per Christum Dominum nostrum. Amen.

Oraison pour les Bienfaiteurs.

Daignez, Seigneur, accorder pour récompense à tous ceux qui nous font du bien, pour l'amour de vous, la vie éternelle.

℟. Ainsi soit-il.

Retribuere dignare, Domine, omnibus nobis bona facientibus propter nomen tuum vitam æternam.

℟. Amen.

Oraison pour les Voyageurs.

Seigneur, écoutez favorablement nos prières, et, par votre miséricorde, accordez à vos serviteurs une route heureuse, afin qu'au milieu de toutes les vicissitudes qui se rencontrent dans le voyage de cette vie, ils soient toujours protégés par votre secours. Par Jésus-Christ notre Seigneur.

℟. Ainsi soit-il.

Adesto, Domine, supplicationibus nostris, et viam famulorum tuorum in salutis tuæ prosperitate dispone, ut inter omnes viæ et vitæ hujus varietates tuo semper protegantur auxilio. Per Christum Dominum nostrum.

℟. Amen.

Oraison pour les Malades.

Dieu tout puissant, salut éternel de ceux qui

Omnipotens sempiterne Deus,

salus æterna credentium ; exaudi nos pro famulis tuis infirmis, pro quibus misericordiæ tuæ imploramus auxilium, ut redditâ sibi sanitate, gratiarum tibi in ecclesiâ tuâ referant actiones. Per Christum Dominum nostrum. ℞. Amen.

croient en vous, nous implorons le secours de votre miséricorde pour vos serviteurs malades ; exaucez-nous, en sorte qu'ayant recouvré la santé, ils vous en témoignent leur reconnaissance dans votre saint temple. Par Jésus-Christ notre Seigneur. ℞. Ainsi soit-il.

Oraison pour les Agonisans.

Suscipe, Domine, servos tuos in locum sperandæ sibi salvationis à misericordia tua.

Recevez, Seigneur, vos serviteurs dans le port du salut qu'ils doivent espérer de votre miséricorde.

Oremus.

Prions.

Quæsumus clementiam tuam, omnipotens Deus ut famulis tuis in extremis positis subvenire di-

Dieu tout puissant, nous prions votre bonté de secourir vos serviteurs dans leur dernier moment ; ne permettez pas que l'ennemi du salut prévale contre eux ; mais que, par votre secours, ils arrivent à la vie éternelle. Par Jésus-Christ notre Seigneur.

gneris ; ut contra eos non prævaleat adversarius ; sed ad vitam, te auxiliante, perveniant sempiternam. Per Christum Dominum nostrum.

℞. Ainsi soit-il.

℞. Amen.

Pour les Défunts. Ps. 129.

Seigneur, je crie vers vous du fond de l'abime ; Seigneur, écoutez ma voix.

De profundis clamavi ad te, Domine : Domine, exaudi vocem meam.

Rendez vos oreilles attentives à ma prière.

Fiant aures tuæ intendentes, in vocem deprecationis meæ.

Seigneur, si vous nous traitez selon nos péchés, qui pourra subsister en votre présence ?

Si iniquitates observaveris, Domine : Domine, quis sustinebit.

Mais vous usez de clémence, et à cause de votre loi, je vous attends, Seigneur.

Quia apud te propitiatio est : et propter legem tuam sustinui te, Domine.

Sustinuit anima mea in verbo ejus : speravit anima mea in Domino.

A custodia matutina usque ad noctem, speret Israël in Domino.

Quia apud Dominum misericordia, et copiosa apud eum redemptio.

Et ipse redimet Israël, ex omnibus iniquitatibus ejus.

v. Requiem æternam dona eis, Domine.

r. Et lux perpetua luceat eis.

v. Requiescant in pace.

r. Amen.

v. Domine, exaudi orationem meam.

r. Et clamor

Mon âme attend le Seigneur à cause de sa promesse ; mon âme espère au Seigneur.

Que, depuis le point du jour jusqu'à la nuit, Israël espère au Seigneur.

Car le Seigneur est plein de miséricorde, et il a des grâces abondantes pour nous racheter.

Il rachètera lui-même Israël, et le délivrera de tous ses péchés.

v. Seigneur, donnez-leur le repos éternel.

r. Et que la lumière éternelle les éclaire.

v. Qu'ils reposent en paix.

r. Ainsi soit-il.

v. Seigneur, exaucez ma prière.

r. Et que mes cris aillent jusqu'à vous.

Prions.

O Dieu, faites par votre grâce que ceux d'entre vos serviteurs que vous avez mis au nombre des prêtres apostoliques, en les élevant à la dignité sacerdotale, soient aussi éternellement unis à la compagnie de vos bienheureux apôtres.

O Dieu qui pardonnez au pécheur et qui voulez le salut des hommes, nous vous supplions par votre bonté d'accorder à tous les membres de notre congrégation, à nos proches et à nos bienfaiteurs qui sont sortis de ce monde, qu'étant aidés par l'intercession de la glorieuse Marie toujours Vierge et de tous

meus ad te veniat.

Oremus.

Deus qui inter apostolicos sacerdotes famulos tuos sacerdotali fecisti dignitate vigere ; præsta, quæsumus, ut eorum quoque perpetuo aggregentur consortio.

Deus veniæ largitor et humanæ salutis amator, quæsumus clementiam tuam ut nostræ congregationis fratres, propinquos et benefactores, qui ex hoc sæculo transierunt, beatâ Mariâ semper Virgine intercedente, cum omnibus Sanctis tuis, ad perpetuæ beatitudinis consortium pervenire concedas. Per Christum Dominum nostrum.

℟. Amen.

℣. Requiéscant in pace.

℟. Amen.

les Saints, ils soient unis avec eux dans l'éternelle béatitude. Par Jésus-Christ notre Seigneur.

℟. Ainsi soit-il.

℣. Qu'ils reposent en paix.

℟. Ainsi soit-il.

Oraison pour toute la Compagnie.

DEFENDE, quæsumus, Domine, beatâ Mariâ semper Virgine intercedente, istam ab omni adversitate familiam, et toto tibi corde prostratam ab hostium propitiùs tuere elementer insidiis. Per Christum Dominum nostrum.

℟. Amen.

Nous vous prions, Seigneur, par l'intercession de la bienheureuse Marie, toujours Vierge, de préserver de toute adversité cette communauté que vous voyez prosternée devant vous dans toute l'effusion de son cœur; daignez, par un effet de votre bonté, la mettre à l'abri des embûches de ses ennemis. Par Jésus-Christ notre Seigneur.

℟. Ainsi soit-il.

L'Oraison Dominicale.

NOTRE Père qui êtes aux Cieux,
Que votre nom soit sanctifié,
Que votre règne arrive,
Que votre volonté soit faite en la terre comme au Ciel.

Donnez-nous aujourd'hui notre pain quotidien,

Et nous pardonnez nos offenses, comme nous pardonnons à ceux qui nous ont offensés.

Et ne nous induisez point en tentation,
Mais délivrez-nous du mal. Ainsi soit-il.

La Salutation Angélique.

JE vous salue, Marie, pleine de grâce; le Seigneur est avec vous: vous êtes bénie entre toutes les femmes, et béni est le fruit de votre ventre, JÉSUS.

Sainte Marie, mère de Dieu, priez pour nous, pauvres pécheurs; maintenant et à l'heure de notre mort. Ainsi soit-il.

Le Symbole des Apôtres.

JE crois en Dieu, le Père tout-puissant, créateur du Ciel et de la Terre:

Et en Jésus-Christ, son Fils unique, Notre-Seigneur;

Qui a été conçu du Saint-Esprit, est né de la Vierge Marie ;

A souffert sous Ponce-Pilate, a été crucifié, est mort, et a été enseveli ;

Est descendu aux Enfers ; et le troisième jour est ressuscité des morts ;

Est monté aux Cieux, est assis à la droite de Dieu, le Père tout-puissant ;

D'où il viendra juger les vivans et les morts.

Je crois au Saint-Esprit,
La sainte Eglise catholique,
La communion des Saints,
La rémission des péchés,
La résurrection de la chair,
Et la vie éternelle. Ainsi soit-il.

Les dix commandemens de Dieu.

Un seul Dieu tu adoreras,
Et aimeras parfaitement.
Dieu en vain tu ne jureras,
Ni autre chose pareillement.
Les Dimanches tu garderas,
En servant Dieu dévotement.
Tes Père et Mère honoreras,
Afin de vivre longuement.
Homicide point ne seras,
De fait ni volontairement.
Luxurieux point ne seras,
De corps ni de consentement.

Le bien d'autrui tu ne prendras,
Ni retiendras à ton escient.
Faux témoignage ne diras,
Ni mentiras aucunement.
L'œuvre de chair désireras,
En mariage seulement.
Biens d'autrui ne convoiteras,
Pour les avoir injustement.

Les six commandemens de l'Eglise.

Les Fêtes tu sanctifieras,
Qui te sont de commandement.
Les Dimanches Messe ouïras,
Et les Fêtes pareillement.
Tous tes péchés confesseras,
A tout le moins une fois l'an.
Ton Créateur tu recevras,
Au moins à Pâques humblement.
Quatre-Temps, Vigiles jeûneras,
Et le Carême entièrement.
Vendredi, chair ne mangeras,
Ni le Samedi mêmement.

Oraison pour demander pardon à Dieu
des distractions durant la prière.

Que la très sainte et indivisible Trinité, que l'humanité de N.S.J.C. crucifié, que la virginité

Sacro Sanctæ atque individuæ Trinitati, crucifixi Domini nostri Jesu Christi humanitati, beatissimæ ac gloriosissimæ semperque Virginis Mariæ fecundæ integritati et omnium Sanctorum universitati, sit sempiterna laus, honor, virtus et gloria ab omni creaturâ: nobisque remissio omnium peccatorum, per infinita sæcula sæculorum. ℞. Amen.

féconde de la bienheureuse, glorieuse et toujours Vierge Marie, que la société entière de tous les Saints reçoivent continuellement de toute créature, louange, honneur, puissance et gloire: puissions-nous aussi obtenir la rémission de nos péchés, dans la durée infinie des siècles.

℞. Ainsi soit-il.

Et beata viscera Mariæ Virginis quæ portaverunt æterni Patris Filium, et beata ubera quæ lactaverunt Christum Dominum.

Heureuses les entrailles de la Vierge Marie qui ont porté le fils du Père Eternel, et heureuses les mamelles qui ont allaité Jésus-Christ notre Seigneur.

Souvenons-nous souvent le long de la journée de la présence de Dieu, et des résolutions que nous avons prises en l'Oraison.

Venez, Esprit créateur, daignez visiter ceux qui font gloire de vous appartenir, et remplissez de votre grâce les cœurs que vous avez formés.

Nous vous regardons comme notre consolateur et notre avocat : vous êtes par excellence le don du Très-Haut, la source de la justice et de la vie, le feu sacré de la charité, et la divine onction qui nous consacre à Dieu.

Nous trouvons en vous tous les dons célestes ; vous êtes, par rapport à nous, le doigt de la droite de Dieu, et le premier objet de sa promesse : c'est vous seul qui faites publier ses merveilles et chanter dignement ses louanges.

Venez donc, ô divin Esprit, éclairer nos âmes

Veni, Creator Spiritus;
Mentes tuorum visita;
Imple supernâ gratiâ,
Quæ tu creasti pectora.

Qui Paracletus diceris,
Donum Dei Altissimi,
Fons vivus, ignis, charitas,
Et spiritalis unctio.

Tu septiformis munere,
Dextræ Dei tu digitus,
Tu ritè promissum Patris,
Sermone ditans guttura.

Accende, lumen Sensibus,

Infunde amorem cordibus,
Infirma nostri corporis
Virtute firmans perpeti.
Hostem repellas longiùs,
Pacemque dones protinùs :
Ductore sic te prævio,
Vitemus omne noxium.
Per te sciamus da Patrem,
Noscamus atque Filium;
Te utriusqueSpiritum
Credamus omni tempore.

Gloria Patri Domino, Natoque qui a mortuis surrexit ac Paracleto, In sæculorum sæcula.
Amen.

par votre lumière, et répandre l'amour divin dans nos cœurs; soutenez notre faiblesse par les secours continuels de votre grâce.

Nous vous supplions d'écarter loin de nous notre ennemi, de nous rendre la paix, et d'être vous-même notre conducteur, pour nous faire éviter tout ce qui serait nuisible à notre salut.

Faites que nous connaissions par vous le Père et le Fils, et que nous ne cessions jamais de vous adorer, comme l'Esprit de l'un et de l'autre.

Gloire au Père et au Fils qui est le Seigneur qui est ressuscité des morts, et à l'Esprit consolateur, dans les siècles des siècles.
Ainsi soit-il.

v. Emitte Spiritum tuum, et creabuntur.
r. Et renovabis faciem terræ.

Oremus.

Deus, qui corda fidelium Sancti Spiritûs illustratione docuisti, da nobis in eodem Spiritu recta sapere, et de ejus semper consolatione gaudere. Per Christum, etc.

Pour l'examen particulier avant le dîner.

Mes Sœurs, faisons notre examen sur notre Oraison de ce matin, qui était, etc.; et voyons si nous avons mis en pratique nos résolutions.

In nomine Patris, et Filii, et Spiritûs Sancti. Amen.

Veni, sancte Spiritus, reple tuorum corda fidelium, et tui amoris in eis ignem accende.
v. Emitte Spiritum tuum et creabuntur.
r. Et renovabis faciem terræ.

Oremus.

Deus qui corda fidelium Sancti Spiritûs illustratione docuisti : da nobis in eodem Spiritu recta sapere, et de ejus semper consolatione gaudere. Per Christum Dominum nostrum. r. Amen.

A la fin de l'examen, pour les Sœurs et les Bienfaiteurs décédés, on dit :

DE profundis clamavi ad te Domine : Domine, exaudi vocem meam.

Fiant aures tuæ intendentes : in vocem deprecationis meæ.

Si iniquitates observaveris Domine : Domine, quis sustinebit ?

Quia apud te propitiatio est : et propter legem tuam sustinui te, Domine.

Sustinuit anima mea in verbo ejus : speravit anima mea in Domino.

A custodiâ matutinâ usque ad noctem, speret Israel in Domino.

Quia apud Dominum misericordia : et copiosa apud eum redemptio.

Et ipse redimet Israël : ex omnibus iniquitatibus ejus.

v. Requiem æternam dona eis, Domine.

r. Et lux perpetua luceat eis.

v. Requiescant in pace.

r. Amen.

v. Domine, exaudi orationem meam.

r. Et clamor meus ad te veniat.

Oremus.

DEUS veniæ largitor et humanæ salutis amator,	O DIEU qui pardonnez au pécheur, et qui voulez le salut des hommes

nous vous supplions par votre bonté d'accorder à tous les membres de notre congrégation, à nos proches et à nos bienfaiteurs qui sont sortis de ce monde, qu'étant aidés par l'intercession de la glorieuse Marie toujours Vierge et de tous les Saints, ils soient unis avec eux dans l'éternelle béatitude. Par Jésus-Christ notre Seigneur. Ainsi soit-il.

quæsumus clementiam tuam, ut nostræ congregationis fratres, propinquos et benefactores, qui ex hoc sæculo transierunt, beatâ Mariâ semper Virgine intercedente, cum omnibus Sanctis tuis, ad perpetuæ beatitudinis consortium pervenire concedas. Per Christum Dominum nostrum. Amen.

O DIEU qui êtes le créateur et le rédempteur de tous les fidèles, accordez aux âmes de vos serviteurs et de vos servantes la rémission de leurs péchés, afin qu'elles obtiennent, par les ardentes prières de votre Eglise, le pardon qu'elles ont toujours ardemment souhaité; vous qui, étant Dieu, vivez et régnez

FIDELIUM Deus omnium conditor et redemptor, animabus famulorum famularumque tuarum remissionem cunctorum tribue peccatorum, ut indulgentiam quam semper optaverunt piis supplicationibus

consequantur ; qui vivis et regnas Deus in sæcula sæculorum.
R. Amen.

dans tous les siècles des siècles.
R. Ainsi soit-il.

Oraison pour la paix.

JE vous salue, très auguste REINE DE PAIX, très sainte Mère de Dieu, et vous prie par le cœur sacré de Jésus-Christ, votre Fils, PRINCE DE PAIX, d'apaiser son ire et de nous obtenir de lui la paix tant désirée. Souvenez-vous, très pitoyable Vierge, qu'il ne fut jamais dit ni ouï, que personne ait été délaissé qui en son affliction a eu recours à votre aide ; dans cette confiance, e m'adresse à vous, ô sainte Mère ! recevez mes prières, et exaucez mes vœux. Ainsi soit-il.

Pour la bénédiction de la Table.

Benedicite.
R. Benedicite.
BENEDIC, Domine, nos et hæc tua dona quæ de tuâ largitate sumus sumpturi. Per Christum Do-

Bénissez.
R. Bénissez.
BÉNISSEZ-nous, Seigneur, et daignez aussi bénir ces dons que nous allons recevoir de votre libéralité. Par Jésus-Christ notre Seigneur.

ʀ. Ainsi soit-il.

minum nostrum.
ʀ. Amen.

Pour les grâces.

Bénissons le Seigneur. ʀ. Rendons grâces à Dieu.

Benedicamus Domino. ʀ. Deo gratias.

Nous vous remercions Dieu tout puissant, pour tous les bienfaits que nous recevons de vous, qui vivez et régnez dans tous les siècles des siècles.

Agimus tibi gratias omnipotens Deus pro universis beneficiis tuis, qui viv s et regnas in sæcula sæculorum.

ʀ. Ainsi soit-il.

ʀ. Amen.

Seigneur ayez pitié de nous. Jésus-Christ, ayez pitié de nous. Notre Père, etc.

Kyrie, eleison. Christe, eleison. Kyrie, eleison. Pater noster, etc. *tout bas.*

v. Et ne nous laissez pas succomber à la tentation.

v. Et ne nos inducas in tentationem.

ʀ. Mais délivrez-nous du mal.

ʀ. Sed libera nos à malo.

v. Béni soit le nom du Seigneur.

v. Sit nomen Domini benedictum.

ʀ. Maintenant et dans

ʀ. Ex hoc nunc

et usque in sæculum.

Oremus.

RETRIBUERE dignare, Domine, omnibus nobis bona facientibus propter nomen tuum , vitam æternam. Amen.

Et fidelium animæ per misericordiam Dei, requiescant in pace. R. Amen.

Alter alterius onera portate et sic adimplebitis legem Christi.

toute l'éternité.

Prions.

DAIGNEZ , Seigneur , accorder pour récompense, à tous ceux qui nous font du bien pour l'amour de vous , la vie éternelle.

Ainsi soit-il.

Que les âmes des fidèles reposent en paix par la miséricorde de Dieu.

R. Ainsi soit-il.

Portez mutuellement le fardeau les uns des autres ; c'est ainsi que vous accomplirez la loi de Jésus-Christ.

Etant à la chapelle, après le repas, on dit :

DA pacem, Domine, in diebus nostris, quia non est alius qui pugnet pro nobis

SEIGNEUR , donnez-nous la paix pendant le cours de notre vie, c'est à vous que nous nous adressons , parce que c'est vous seul, ô notre Dieu, qui combattez en notre faveur.

℟. Donnez - nous la paix par votre puissance.

℟. Et mettez l'abondance dans vos forteresses.

Prions.

O Dieu qui êtes la source des saints désirs, des bons desseins et des actions justes, donnez à vos serviteurs cette paix que le monde ne peut donner, afin que nos cœurs s'appliquent à votre loi, et que, n'ayant point d'ennemis à craindre, nous jouissions sous votre protection d'une heureuse tranquillité tout le temps de notre vie. Par Jésus-Christ notre Seigneur.

℟. Ainsi soit-il.

nisi tu, Deus noster.

℣. Fiat pax in virtute tuâ.

℟. Et abundantia in turribus tuis.

Oremus.

Deus, à quo sancta desideria, recta consilia et justa sunt opera, da servis tuis illam quam mundus dare non potest pacem, ut et corda nostra mandatis tuis dedita, et hostium sublatâ formidine, tempora sint tuâ protectione tranquilla. Per Christum Dominum nostrum.

℟. Amen.

Exercice de l'Après-Midi.

Pour la lecture de deux heures, avant que de la commencer, dire : Veni, Sancte Spiritus, etc.

Oremus.

Deus qui corda fidelium, etc.

A la fin de la lecture.

DEUS, charitas est : et qui manet in charitate, in Deo manet, et Deus in eo.	DIEU est tout notre amour ; et celui qui est embrasé de l'amour divin demeure en Dieu, et Dieu en lui.

A trois heures, après avoir fait l'acte d'adoration, on dit :

CHRISTUS factus est pro nobis obediens usque ad mortem, mortem autem crucis : propter quod et Deus exaltavit illum.	JÉSUS-CHRIST s'est rendu pour nous obéissant jusqu'à la mort, et jusqu'à la mort de la croix. C'est pourquoi Dieu l'a élevé en gloire.
R. Deo gratias.	R. Rendons grâces à Dieu.

*A cinq heures et demie, pour la prépara-
tion prochaine à l'oraison mentale, on
dit :*

Mettons-nous en la présence de Dieu,
et demandons l'assistance du Saint-Esprit
pour bien faire l'oraison.

Veni, Sancte Spiritus; reple tuorum
corda fidelium, et tui amoris in eis ignem
accende.

v. Emitte Spiritum tuum et creabuntur.

r. Et renovabis faciem terræ.

Oremus.

Deus, qui corda fidelium Sancti Spiritûs
illustratione docuisti : da nobis in eodem
Spiritu recta sapere, et de ejus semper
consolatione gaudere. Per Christum Dominum nostrum. Amen.

Ensuite on lit le sujet de la Méditation.

A six heures, on conclut ainsi :

*Remercions Dieu des grâces que nous
avons reçues de sa bonté, pendant notre
oraison.*

Mon Dieu, je vous remercie des saintes
lumières et bons sentimens que vous m'a-
vez donnés dans cette oraison ; que tous
vos Saints et Saintes vous en rendent grâces pour moi !

Offrons à Dieu notre cœur avec toutes les bonnes affections et résolutions qu'il a plu à sa bonté de nous donner.

Je vous offre, ô mon Dieu, mon corps, mon âme, et tout ce que je suis : je vous offre aussi tous les bons mouvemens et bonnes résolutions que vous avez donnés à mon pauvre cœur ; ce sont des effets de votre grâce : je vous les rapporte comme à leur principe : à vous seul en soit toute la gloire.

Demandons à sa divine Majesté la grâce de mettre en pratique nos résolutions.

O mon Dieu, qui ne vous contentez pas des bons desseins, mais qui voulez des effets, c'est de vous de qui je les attends, et de votre grâce, afin qu'après m'avoir donné le vouloir, vous fassiez par votre miséricorde et par les mérites de Notre-Seigneur et ceux de vos Saints, que j'en vienne à l'exécution.

Pater noster, etc., *tout bas.*

Ave maris stella,	Je vous salue, brillante étoile qui nous guidez
Dei mater alma,	sur cette mer orageuse,
Atque semper virgo,	bienheureuse mère de Dieu qui n'avez jamais
Felix cœli porta.	cessé d'être Vierge, c'est vous qui nous donnez

entrée au bonheur du Ciel.

O vous qui avez reçu cette glorieuse salutation de l'ange Gabriel, affer-missez-nous dans la paix, et réparez la faute de notre commune mère.

Brisez les chaînes sous le poids desquelles nous gémissons, éclairez notre aveuglement, guérissez nos maux, et demandez pour nous toute sorte de biens.

Faites voir que vous êtes notre mère, et que nos prières, présentées par vous, trouvent grâce devant Jésus, qui, pour l'amour de nous, a bien voulu devenir votre fils.

Vierge incomparable, délivrez-nous des liens du péché; faites qu'à votre exemple nous pratiquions les vertus de douceur et de chasteté.

Sumens illud ave.
Gabrielis ab ore,
Funda nos in pace.
Mutans Eve nomen.
Solve vincla reis,
Profer lumen cæcis,
Mala nostra pelle
Bona cuncta posce.
Monstra te esse matrem,
Sumat per te preces,
Qui pro nobis natus,
Tulit esse tuus.
Virgo singularis,
Inter omnes mitis,
Nos culpis solutos,
Mites ac et castos.

Vitam præsta puram,
Iter para tutum,
Ut videntes Jesum,
Semper collætemur.

Obtenez-nous cette innocence de mœurs qui conduit sûrement à Jésus-Christ, afin que, le voyant un jour dans la gloire, nous goûtions avec vous la joie et la félicité des Saints.

Sit laus Deo Patri,
Summo Christo decus,
Spiritui Sancto,
Tribus honor unus.
Amen.

Louange à Dieu le Père, louange à Jésus-Christ, louange au Saint-Esprit : qu'un seul et même hommage soit rendu à la Sainte Trinité.
Ainsi soit-il.

v. Diffusa est gratia in labiis tuis.

v. La grâce est répandue sur vos lèvres.

r. Propterea benedixit te Deus in æternum.

r. C'est pourquoi Dieu vous a bénie pour l'éternité.

Oremus.

RETRIBUERE dignare, Domine, omnibus nobis bona facientibus propter nomen tuum vitam æternam. Amen.

SACRO Sanctæ atque individuæ Trinitati; crucifixi Domini nostri Jesu-Christi humanitati beatissimæ ac gloriosissimæ sem-

perque Virginis Mariæ fœcundæ integritati, et omnium Sanctorum universitati,
sit sempiterna laus, honor, virtus et gloria, ab omni creaturâ; nobisque remissio
omnium peccatorum per infinita sæcula
sæculorum. Amen.

Et beata viscera Mariæ Virginis quæ
portaverunt æterni Patris Filium, et beata
ubera quæ lactaverunt Christum Dominum.

*L'examen particulier, comme avant le dî-
ner, ce qui finit par :*

De profundis clamavi ad te Domine : Domine, exaudi vocem meam.

Fiant aures tuæ intendentes, in vocem
deprecationis meæ.

Si iniquitates observaveris, Domine :
Domine, quis sustinebit ?

Quia apud te propitiatio est, et propter
legem tuam sustinui te, Domine.

Sustinuit anima mea in verbo ejus : speravit anima mea in Domino.

A custodiâ matutinâ usque ad noctem,
speret Israël in Domino.

Quia apud Dominum misericordia : et
copiosa apud eum redemptio.

Et ipse redimet Israël, ex omnibus iniquitatibus ejus.

v. Requiem æternam dona eis, Domine.

ꞧ. Et lux perpetua luceat eis.

v. Requiescant in pace.

ꞧ. Amen.

v. Domine, exaudi orationem meam.

ꞧ. Et clamor meus ad te veniat.

Oremus.

DEUS veniæ largitor et humanæ salutis amator, quæsumus clementiam tuam, ut nostræ Congregationis fratres, propinquos et benefactores, qui ex hoc sæculo transierunt, beatâ Mariâ semper Virgine intercedente, cum omnibus Sanctis tuis, ad perpetuæ beatitudinis consortium pervenire concedas. Per Christum Dominum nostrum.

FIDELIUM Deus omnium conditor et redemptor, animabus famulorum, famularumque tuarum remissionem cunctorum tribue peccatorum, ut indulgentiam quam semper optaverunt piis supplicationibus consequantur; qui vivis et regnas Deus in sæcula sæculorum. Amen.

Oraison pour la paix.

JE vous salue, très auguste REINE DE PAIX, très sainte Mère de Dieu, et vous prie par le cœur sacré de Jésus-Christ, votre Fils, PRINCE DE PAIX, d'apaiser son ire, et de nous obtenir de lui la paix tant

désirée. Souvenez-vous, très pitoyable
Vierge, qu'il ne fut jamais dit ni ouï que
personne ait été délaissé qui, dans son affliction, a eu recours à votre aide : dans
cette confiance, je m'adresse à vous, ô
sainte Mère ! recevez mes prières, exaucez
mes vœux.

Ainsi soit-il.

Il faut dire le Benedicite *et les Grâces
comme au dîner.*

Étant dans la chapelle. Angelus Domini nuntiavit Mariæ, et concepit de Spiritu
Sancto.

Ave, Maria.

Ecce ancilla Domini, fiat mihi secundum
verbum tuum. Ave Maria.

Et verbum caro factum est, et habitavit
in nobis. Ave, Maria.

ꝟ. Ora pro nobis, sancta Dei genitrix.

℟. Ut digni efficiamur promissionibus
Christi.

Oremus.

GRATIAM tuam quæsumus, Domine,
mentibus nostris infunde : ut qui Angelo
nuntiante, Christi Filii tui Incarnationem
cognovimus, per Passionem ejus et Crucem, ad Resurrectionis gloriam perduca-

mur. Per eumdem Christum Dominum nostrum. Amen.

Étant à la chapelle, après le repas, on dit :

DA pacem, Domine, in diebus nostris, quia non est alius qui pugnet pro nobis, nisi tu Deus noster.

v. Fiat pax in virtute tuâ.

r. Et abundantia in turribus tuis.

Oremus.

DEUS à quo sancta desideria, recta consilia et justa sunt opera, da servis tuis illam quam mundus dare non potest pacem, ut et corda nostra mandatis tuis dedita, et hostium sublatâ formidine tempora sint tuâ protectione tranquilla. Per Christum Dominum nostrum.

r. Amen.

PRIÈRES

DU SOIR.

In nomine Patris, et Filii, et Spiritûs Sancti. Amen.

Veni, Sancte Spiritus; reple tuorum corda fidelium, et tui amoris in eis ignem accende.

v. Emitte Spiritum tuum et creabuntur.

r. Et renovabis faciem terræ.

Oremus.

Deus, qui corda fidelium Sancti Spiritûs illustratione docuisti : da nobis in eodem Spiritu recta sapere, et de ejus semper consolatione gaudere. Per Christum Dominum nostrum. Amen.

Après quoi, la Sœur qui est de semaine fait la lecture du premier et du second point de la Méditation pour le jour suivant, sur lequel la Supérieure donne quelque instruction.

Ensuite on commence la prière.

Remercions Dieu de tous les bienfaits que nous avons reçus de lui en toute notre vie, particulièrement aujourd'hui.

JE vous rends grâces, ô mon Dieu, de tous les bienfaits que j'ai reçus de votre bonté, et entre autres de ma création, rédemption, vocation à la religion catholique, et à cet état de vie où j'ai le bonheur d'être : et généralement de tous les biens et grâces que vous m'avez faites en toute ma vie, et particulièrement en ce jour.

Demandons à Dieu la grâce de connaître nos péchés, et de les détester.

MON Dieu, assistez-moi de votre lumière pour connaître mes péchés, et de votre grâce pour m'en humilier : en avoir la douleur que je dois, et une sincère volonté de m'en amender.

Pensons aux péchés que nous avons commis aujourd'hui par pensées, paroles, œuvres et omissions, nous arrêtant principalement à ceux auxquels nous sommes plus enclines, et aux manquemens que nous avons faits contre nos résolutions prises aujourd'hui dans nos Oraisons.

On fait ici une petite pause, puis on
dit :

*Excitons-nous au regret d'avoir offensé
Dieu, et lui en demandons très humblement pardon.*

J'ai péché contre le Ciel et contre vous,
ô Père infiniment bon et aimable ; je me
suis rendu indigne de la qualité de votre
enfant par mes offenses. Je m'en repens,
et les déteste, parce qu'elles vous déplaisent. Je vous en demande pardon ; je
veux, moyennant votre grâce, m'en corriger.

*Faisons notre possible pour nous mettre
en l'état auquel nous voudrions être trouvées à l'heure de notre mort.*

Que je meure, ô mon Dieu, unie à votre
Église, en croyant tout ce qu'elle m'enseigne de votre part : unie à votre souveraine bonté, me confiant en elle, et l'aimant ; unie à mon prochain, même à mes
ennemis, en leur pardonnant comme je
désire que vous me pardonniez. Je remets
mon âme entre vos mains, vous priant de
me préserver toute ma vie, particulièrement cette nuit, de tout péché, de mort
subite, et de tous fâcheux accidens.

CONFITEOR Deo omnipotenti, beatæ Mariæ semper Virgini, beato Michaëli Archangelo, beato Joanni Baptistæ, sanctis Apostolis Petro et Paulo, et omnibus Sanctis, quia peccavi nimis cogitatione, verbo, et opere : meâ culpâ, meâ culpâ, meâ maximâ culpâ. Ideò precor beatam Mariam semper Virginem, beatum Michaëlem Archangelum, beatum Joannem Baptistam, sanctos Apostolos Petrum et Paulum, et omnes Sanctos orare pro me ad Dominum Deum nostrum.

ᴙ. Amen.

JE confesse à Dieu tout-puissant, à la bienheureuse Marie toujours Vierge, à saint Michel Archange, à saint Jean-Baptiste, aux saints apôtres Pierre et Paul, et à tous les Saints * que j'ai beaucoup péché par pensées, paroles et œuvres : par ma faute, par ma faute, par ma très grande faute. C'est pourquoi je supplie la bienheureuse Marie toujours Vierge, saint Michel Archange, saint Jean-Baptiste, les saints apôtres Pierre et Paul, et tous les Saints **, de prier pour moi le Seigneur notre Dieu.

ᴙ. Ainsi soit-il.

---

* *Quand on se confesse, on ajoute :* et à vous, mon père.

** *Quand on se confesse, on ajoute :* et vous, mon père.

Que Dieu tout-puissant ait pitié de nous, et qu'après nous avoir pardonné nos péchés, il nous conduise à la vie éternelle.

R. Ainsi soit-il.

Miséreatur nostrî omnipotens Deus, et dimissis peccatis nostris, perducat nos ad vitam æternam.

R. Amen.

Adorons les cinq plaies de Jésus-Christ, disant à chacune une fois : loué soit le très saint nom de Jésus.

Que le Seigneur tout-puissant et miséricordieux nous accorde le pardon, l'absolution et la rémission de nos péchés.

R. Ainsi soit-il.

Indulgentiam, absolutionem et remissionem peccatorum nostrorum, tribuat nobis omnipotens et misericors Dominus. R. Amen.

Prions.

Oremus.

Nous vous supplions, Seigneur, de visiter cette demeure, et d'en éloigner toutes les embûches de l'ennemi; que

Visita, quæsumus, Domine, habitationem istam et omnes insidias inimici ab eâ longe repelle; Angeli tui sancti habitent in eâ, qui nos in pace custodiant, et benedictio tua sit super nos semper. Per Christum Dominum nostrum.

℟. Amen.

℣. Domine, exaudi orationem meam.

℟. Et clamor meus ad te veniat.

℣. Benedicamus Domino.

℟. Deo gratias.

Benedictio.

BENEDICAT et custodiat nos omnipotens et misericors Dominus : Pater, et Filius, et Spiritus Sanctus.

℟. Amen.

vos saints Anges y habitent pour nous y conserver en paix, et que votre bénédiction demeure toujours sur nous par Jésus-Christ Notre-Seigneur.

℟. Ainsi soit-il.

℣. Seigneur, exaucez ma prière.

℟. Et que mes cris aillent jusqu'à vous.

℣. Bénissons le Seigneur.

℟. Rendons grâces à Dieu.

Bénédiction.

QUE le Seigneur tout-puissant et miséricordieux, le Père, le Fils, et le Saint-Esprit, nous bénisse et nous conserve.

℟. Ainsi soit-il.

LES LITANIES

A SAINTE VIERGE MARIE.

Seigneur, ayez pitié de nous.	Kyrie, eleison.
Jésus-Christ, ayez pitié de nous.	Christe, eleison.
Seigneur, ayez pitié de nous.	Kyrie, eleison.
Jésus-Christ, écoutez-nous.	Christe, audi nos.
Jésus-Christ, exaucez-nous.	Christe, exaudi nos.
Père céleste, qui êtes Dieu,	Pater de cœlis, Deus,
Fils, rédempteur du monde, qui êtes Dieu,	Fili, redemptor mundi, Deus,
Esprit Saint, qui êtes Dieu,	Spiritus Sancte Deus,
Trinité sainte, qui êtes un seul Dieu,	Sancta Trinitas unus Deus,
Sainte Marie, priez pour nous,	Sancta Maria, ora pro nobis.
Sainte Mère de Dieu,	Sancta Dei Genitrix,
Sainte Vierge des	Sancta Virgo

Ayez pitié de nous — *Miserere nobis.*

Virginum, — Vierges,

Mater Christi, — Mère du Christ,

Mater divinæ gratiæ, — Mère de la divine grâce,

Mater purissima, — Mère très pure,

Mater castissima, — Mère très chaste,

Mater inviolata, — Mère toujours Vierge,

Mater intemerata, — Mère exempte de souillure,

Mater amabilis, — Mère aimable,

Mater admirabilis, — Mère admirable,

Mater Creatoris, — Mère du Créateur,

Mater Salvatoris, — Mère du Sauveur,

Virgo prudentissima, — Vierge très prudente,

Virgo veneranda, — Vierge digne de tout respect,

Virgo prædicanda, — Vierge digne de louanges,

Virgo potens, — Vierge puissante,

Virgo clemens, — Vierge pleine de bonté,

Virgo fidelis, — Vierge fidèle,

Ora pro nobis. / Priez pour nous.

Miroir de justice,	Speculum justitiæ,	
Temple de la sagesse,	Sedes sapientiæ,	
Cause de notre joie,	Causa nostræ lætitiæ,	
Demeure du St.-Esprit,	Vas spirituale,	
Vaisseau d'élection,	Vas honorabile,	
Modèle de pitié,	Vas insigne devotionis,	
Rose mystérieuse,	Rosa mystica,	
Gloire de la maison de David,	Turris Davidica,	
Modèle de pureté,	Turris eburnea,	
Sanctuaire de la charité,	Domus aurea,	
Arche d'alliance,	Fœderis arca,	
Porte du Ciel,	Janua cœli,	
Etoile du matin,	Stella matutina	
Ressource des infirmes,	Salus infirmorum,	
Refuge des pécheurs,	Refugium peccatorum,	
Consolation des affligés,	Consolatrix afflictorum,	
Secours des Chrétiens,	Auxilium christianorum,	
Reine des Anges,	Regina Ange-	

Priez pour nous. — Ora pro nobis.

lorum,		
Regina Patri-archarum,		Reine des Patriar-ches,
Regina Pro-phetarum,		Reine des Prophètes,
Regina Apos-tolorum,		Reine des Apôtres,
Regina Marty-rum,		Reine des Martyrs,
Regina Con-fessorum,	*Ora pro nobis.*	Reine des Confes-seurs,
Regina Virgi-num,		Reine des Vierges,
Regina Sancto-rum omnium,		Reine de tous les Saints,
Mater Dei,		Mère de Dieu,
Sancte Michaël		Saint Michel,
Sancti Diony-si, Rustice et Eleutheri,		Saints Denis, Rusti-que et Eleuthère,
Sancte Joseph,		Saint Joseph,
Sancta Geno-vefa,		Sainte Geneviève,
Sancte Vin-centi à Paulo,		Saint Vincent de Paul,

Agnus Dei, qui tollis peccata mundi, parce nobis, Domine.

Agneau de Dieu, qui ef-facez les péchés du monde, pardonnez-nous, Seigneur.

Agneau de Dieu, qui ef-facez les péchés du monde, exaucez-nous, Seigneur.	Agnus Dei, qui tollis peccata mundi, exaudi nos, Domine.
Agneau de Dieu, qui ef-facez les péchés du monde, ayez pitié de nous, Seigneur.	Agnus Dei, qui tollis peccata mundi, miserere nobis.
Christ, écoutez-nous.	Christe, audi nos,
Christ, exaucez-nous.	Christe, exaudi nos.

Antienne.

Sub tuum præsidium confugimus, sancta Dei genitrix : nostras deprecationes ne despicias in necessitatibus nostris , sed à periculis cunctis libera nos semper, Virgo gloriosa et benedicta.

Oremus.

Gratiam tuam quæsumus, Domine, mentibus nostris infunde : ut qui Angelo nuntiante Christi Filii tui Incarnationem cognovimus, per Passionem ejus et crucem, ad Resurrectionis gloriam perducamur. Per eumdem Christum Dominum nostrum. ℞. Amen.

Pour les Pécheurs, Ps. 5o.

Miserere meî, Deus, secundùm magnam misericordiam tuam.

Et secundùm multitudinem miserationum tuarum, dele iniquitatem meam.

Ampliùs lava me ab iniquitate mea : et à peccato meo munda me.

Quoniam iniquitatem meam ego cognosco : et peccatum meum contrà me est semper.

Tibi soli peccavi, et malum coram te feci : ut justificeris in sermonibus tuis, et vincas cùm judicaris.

Ecce enim in iniquitatibus conceptus sum : et in peccatis concepit me mater mea.

Ecce enim veritatem dilexisti, incerta et occulta sapientiæ tuæ manifestasti mihi.

Asperges me, Domine, hyssopo et mundabor : lavabis me, et super nivem dealbabor.

Auditui meo dabis gaudium et lætitiam, et exultabunt ossa humiliata.

Averte faciem tuam à peccatis meis : et omnes iniquitates meas dele.

Cor mundum crea in me, Deus : et spiritum rectum innova in visceribus meis.

Ne projicias me à facie tua; et Spiritum sanctum tuum ne auferàs à me.

Redde mihi lætitiam salutaris tui : et Spiritu principali confirma me.

Docebo iniquos vias tuas, et impii ad te convertentur.

Libera me de sanguinibus, Deus, Deus salutis meæ : et exultabit lingua mea justitiam tuam.

Domine, labia mea aperies : et os meum annuntiabit laudem tuam.

Quoniam si voluisses sacrificium, dedissem utique : holocaustis non delectaberis.

Sacrificium Deo, spiritus contribulatus : cor contritum et humiliatum, Deus, non despicies.

Benignè fac, Domine, in bonâ voluntate tuâ Sion, ut ædificentur muri Jerusalem.

Tunc acceptabis sacrificium justitiæ, oblationes et holocausta : tunc imponent super altare tuum vitulos.

Gloria Patri, et Filio, et Spiritui Sancto.

Sicut erat in principio et nunc et semper, et in sæcula sæculorum.

℞. Amen.

Prière pour le Roi.

DOMINE, salvum fac Regem, et exaudi nos in die quâ invocaverimus te.

Oremus.

QUÆSUMUS omnipotens Deus, ut famulus tuus N..... rex noster, qui tuâ miseratione suscepit regni gubernacula, virtutum etiam omnium, percipiat incrementa : quibus decenter ornatus, vitiorum monstra devitare, hostes superare et ad te, qui via, veritas et vita es, gratiosus valeat pervenire. Per Christum Dominum nostrum. Amen.

Oraison pour les Supérieurs.

OMNIPOTENS sempiterne Deus, qui facis mirabilia magna solus, prætende super famulos tuos, et super congregationes illis commissas, spiritum gratiæ salutaris : et ut in veritate tibi complaceant, perpetuum eis rorem tuæ benedictionis infunde. Per Christum Dominum nostrum.

R. Amen.

L'Oraison Dominicale.

PATER noster, qui es in cœlis, sanctificetur nomen tuum.

Adveniat regnum tuum.

Fiat voluntas tua, sicut in cœlo et in terrâ.

Panem nostrum quotidianum da nobis hodiè.

Et dimitte nobis debita nostra, sicut et nos dimittimus debitoribus nostris.

Et ne nos inducas in tentationem.

Sed libera nos à malo.

℞. Amen.

La Salutation Angélique.

Ave, Maria, gratiâ plena, Dominus tecum : benedicta tu in mulieribus, et benedictus fructus ventris tui Jesus.

Sancta Maria, Mater Dei, ora pro nobis peccatoribus, nunc et in horâ mortis nostræ.

℞. Amen.

Le Symbole des Apôtres.

Credo in Deum Patrem omnipotentem, creatorem cœli et terræ :

Et in Jesum Christum Filium ejus unicum Dominum nostrum :

Qui conceptus est de Spiritu Sancto, natus ex Mariâ Virgine :

Passus sub Pontio Pilato ; crucifixus, mortuus et sepultus :

Descendit ad inferos, tertiâ die résurrexit à mortuis :

Ascendit ad cœlos, sedet ad dexteram Dei Patris omnipotentis :

Indè venturus est judicare vivos et mortuos.

Credo in Spiritum Sanctum,

Sanctam Ecclesiam Catholicam, Sanctorum communionem,

Remissionem peccatorum,

Carnis resurrectionem,

Vitam æternam. ᴙ. Amen.

A notre bon Ange.

Mon bon Ange, je vous remercie du charitable soin que vous avez de moi ; priez Notre-Seigneur qu'il me donne sa sainte bénédiction, et me donnez, s'il vous plaît, la vôtre.

In manus tuas, Domine, commendo spiritum meum.

Redemisti nos, Domine, Deus veritatis.

Dominus pars hæreditatis meæ, et calicis mei : tu es qui restitues hæreditatem meam mihi.

ᴙ. Amen.

Retribuere dignare, Domine, omnibus

nobis bona facientibus, propter nomen tuum, vitam æternam. ℞. Amen.

Et fidelium animæ per misericordiam Dei requiescant in pace.

℞. Amen.

Psaume 129.

DE profundis clamavi ad te, Domine : Domine, exaudi vocem meam.

Fiant aures tuæ intendentes : in vocem deprecationis meæ.

Si iniquitates observaveris, Domine : Domine, quis sustinebit?

Quia apud te propitiatio est : et propter legem tuam sustinui te, Domine.

Sustinuit anima mea in verbo ejus : speravit anima mea in Domino.

A custodiâ matutinâ usque ad noctem: speret Israël in Domino.

Quia apud Dominum misericordia : et copiosa apud eum redemptio.

Et ipse redimet Israël : ex omnibus iniquitatibus ejus.

℣. Requiem æternam dona eis, Domine.

℞. Et lux perpetua luceat eis.

℣. Requiescant in pace.

℞. Amen.

℣. Domine, exaudi orationem meam.

℞. Et clamor meus ad te veniat.

Oremus.	*Prions.*
Quæsumus, Domine, pro tuâ pietate miserere animæ famulæ tuæ, et à contagiis mortalitatis exutam in æternæ salvationis partem restitue.	Dieu infinement bon, nous vous prions d'avoir pitié de l'âme de votre servante, et de lui donner part au salut éternel, maintenant que vous l'avez délivrée de la corruption de cette vie mortelle.

Deus veniæ largitor et humanæ salutis amator, quæsumus clementiam tuam, ut nostræ congregationis fratres, propinquos et benefactores, qui ex hoc sæculo transierunt, beatâ Mariâ semper Virgine intercedente, cum omnibus sanctis tuis, ad perpetuæ beatitudinis consortium pervenire concedas. Per Christum Dominum nostrum. ℞. Amen.

Oraison à Saint Vincent de Paul, notre Père.

Oremus.

Deus, qui ad evangelizandum pauperibus, derelictorum infirmorumque miserias sublevandas, et ecclesiastici ordinis decorem promovendum, Filii tui Spiritum in apostolicâ Sancti Vincentii à Paulo caritate et humilitate suscitasti : ejus nobis intercessione concede, ut à peccatorum miseriis sublevati, eâdem tibi semper caritate et humilitate placeamus : Per eumdem Dominum nostrum Jesum Christum Filium tuum, qui tecum vivit et regnat in unitate ejusdem Spiritûs Sancti Deus, per omnia sæcula sæculorum.

℟. Amen.

Oraison pour demander à Dieu pardon des distractions durant la prière.

Sacro Sanctæ atque individuæ Trinitati, crucifixi Domini nostri Jesu Christi humanitati beatissimæ ac gloriosissimæ semperque Virginis Mariæ fœcundæ integritati, et omnium Sanctorum universitati, sit sempiterna laus, honor, virtus et gloria, ab omni creaturâ ; nobisque remissio omnium peccatorum, per infinita sæcula sæculorum. Amen. Et beata viscera Mariæ Virginis quæ portaverunt æterni Patris Filium, et beata ubera quæ lactaverunt Christum Dominum.

PRIÈRES

PENDANT

LA SEMAINE SAINTE,

Commençant le Mercredi à cinq heures et demie du soir.

Au lieu du Veni, Sancte, *on dit :* Christus factus est pro nobis obediens usque ad mortem.

Oremus.	*Prions.*
Respice, quæsumus, Domine, super hanc familiam tuam, pro quâ Dominus noster Jesus Christus non dubitavit manibus tradi nocentium et crucis subire tormentum ; qui tecum vivit et re-	Nous vous prions, Seigneur, de regarder favorablement cette communauté qui vous est dévouée, et pour laquelle Jésus-Christ Notre-Seigneur n'a point hésité de se livrer entre les mains des méchans, et de subir le supplice de la croix, lui qui étant Dieu, vit et règne avec

vous en l'unité du Saint-Esprit, dans tous les siècles des siècles. / gnat in unitate Spiritûs Sancti, Deus, per omnia sæcula sæculorum.

Ensuite on lit le point de la Méditation.

A six heures, on finit l'Oraison ainsi :

Remercions Dieu des grâces que nous avons reçues de sa bonté pendant notre Oraison.

Mon Dieu, je vous remercie des saintes lumières et bons sentimens que vous m'avez donnés dans cette Oraison ; que tous vos Saints et Saintes vous en rendent grâces pour moi.

Offrons à Dieu notre cœur avec toutes les bonnes affections et résolutions qu'il a plu à sa bonté de nous donner.

Je vous offre, ô mon Dieu, mon corps, mon âme, et tout ce que je suis : je vous offre aussi tous les bons mouvemens et bonnes résolutions que vous avez donnés à mon pauvre cœur ; ce sont des effets de votre grâce : je vous les rapporte comme à leur principe : à vous seul en soit toute la gloire.

Demandons à sa divine Majesté la grâce de mettre en pratique nos résolutions.

O mon Dieu, qui ne vous contentez pas des bons desseins, mais qui voulez des effets, c'est de vous que je les attends, et de votre grâce, afin qu'après m'avoir donné le vouloir, vous fassiez par votre miséricorde et par les mérites de notre Seigneur et ceux de vos Saints, que j'en vienne à l'exécution.

Pater noster, etc., *tout bas.*

*Au lieu de l'*Ave, maris stella, *l'on dit :* Christus factus est pro nobis obediens usque ad mortem.

Oremus.

Respice, quæsumus, Domine, super hanc familiam tuam, pro quâ Dominus noster Jesus Christus non dubitavit manibus tradi nocentium, et crucis subire tormentum ; qui tecum vivit et regnat in unitate Spiritûs Sancti Deus. Per omnia sæcula sæculorum. Amen.

Ensuite l'examen particulier.

De profundis clamavi ad te, Domine : Domine, exaudi vocem meam.

Fiant aures tuæ intendentes, in vocem deprecationis meæ.

Si iniquitates observaveris, Domine : Domine, quis sustinebit ?

Quia apud te propitiatio est : et propter legem tuam sustinui te, Domine.

Sustinuit anima mea in verbo ejus : speravit anima mea in Domino.

A custodiâ matutinâ usque ad noctem, speret Israël in Domino.

Quia apud Dominum misericordia, et copiosa apud eum redemptio.

Et ipse redimet Israël, ex omnibus iniquitatibus ejus.

v. Requiem æternam dona eis, Domine.

r. Et lux perpetua luceat eis.

v. Requiescant in pace.

r. Amen.

v. Domine, exaudi orationem meam.

r. Et clamor meus ad te veniat.

Oremus.

Deus veniæ largitor et humanæ salutis ꝛmator, quæsumus clementiam tuam, ut ꝛꝛ ꝛꝛ Congregationis fratres, propinquos nostꝛ ꝛꝛtores, qui ex hoc sæculo transet benefaꝛ Mariâ semper Virgine interierunt, beatâ ꝛ Sanctis tuis, ad cedente, cum omnibus erpetuæ beatitudinis consortium pervenire concedas. Per Christum Dominum nostrum.

FIDELIUM Deus omnium conditor et redemptor, animabus famulorum famularumque tuarum remissionem cunctorum tribue peccatorum, ut indulgentiam quam semper optaverunt, piis supplicationibus consequantur; qui vivis et regnas, Deus, in sæcula sæculorum.

R. Amen.

PRIÈRES DU SOIR.

CHRISTUS factu est pro nobis obediens usque ad mortem, mortem autem crucis : propter quod et Deus exaltavit illum.

Deo gratias.

Oremus.

RESPICE, quæsumus, Domine, super hanc familiam tuam, pro quâ Dominus noster Jesus Christus non dubitavit manibus tradi nocentium, et crucis subire tormentum; qui tecum vivit et regnat in unitate Spiritûs Sancti Deus. Per omnia sæcula sæculorum.

On fait la lecture du Saint Evangile.

Ensuite on commence la Prière.

Remercions Dieu de tous les bienfaits que nous avons reçus de lui en toute notre vie, et particulièrement aujourd'hui.

Je vous rends grâces, ô mon Dieu, de tous les bienfaits que j'ai reçus de votre bonté, et entre autres de ma création, rédemption, vocation à la religion catholique, et à cet état de vie où j'ai le bonheur d'être : et généralement de tous les biens et grâces que vous m'avez faits en toute ma vie, et particulièrement en ce jour.

Demandons à Dieu la grâce de connaître nos péchés, et de les détester.

Mon Dieu, assistez-moi de votre lumière pour connaître mes péchés, et de votre grâce pour m'en humilier, en avoir la douleur que je dois, et une sincère volonté de m'en amender.

Pensons aux péchés que nous avons commis aujourd'hui par pensées, paroles, œuvres et omissions, nous arrêtant principalement à ceux auxquels nous sommes plus enclines, et aux manquemens que nous avons faits contre nos résolutions prises aujourd'hui dans nos Oraisons.

On fait ici une petite pause, puis on dit :

Excitons-nous au regret d'avoir offensé Dieu, et lui en demandons très humblement pardon.

J'AI péché contre le ciel, et contre vous, ô Père infiniment bon et aimable. Je me suis rendue indigne de la qualité de votre enfant par mes offenses. Je m'en repens, et les déteste, parce qu'elles vous déplaisent. Je vous en demande pardon ; je veux, moyennant votre grâce, m'en corriger.

Faisons notre possible pour nous mettre en l'état auquel nous voudrions être trouvées à l'heure de notre mort.

QUE je meure, ô mon Dieu, unie à votre Eglise, en croyant tout ce qu'elle m'enseigne de votre part : unie à votre souveraine bonté, me confiant en elle, et l'aimant : unie à mon prochain, même à mes ennemis, en leur pardonnant comme je désire que vous me pardonniez.

Je remets mon âme entre vos mains, vous priant de me préserver toute ma vie, particulièrement cette nuit, de tout péché, de mort subite, et de tous fâcheux accidens.

Confiteor Deo omnipotenti, beatæ Mariæ semper Virgini, beato Michaëli Archangelo, beato Joanni Baptistæ, sanctis Apostolis, Petro et Paulo, et omnibus Sanctis*, quia peccavi nimis cogitatione, verbo, et opere : meâ culpâ, meâ culpâ, meâ maximâ culpâ. Ideò precor beatam Mariam semper Virginem, beatum Michaëlem Archangelum, beatum Joannem Baptistam, sanctos Apostolos Petrum et Paulum, omnes Sanctos**, orare pro me ad Dominum Deum nostrum.

R. Amen.

Misereatur nostrî omnipotens Deus, et dimissis peccatis nostris, perducat nos ad vitam æternam. R. Amen.

Indulgentiam, absolutionem et remissionem peccatorum nostrorum, tribuat nobis omnipotens et misericors Dominus.

R. Amen.

----

* *Quand on se confesse, on ajoute :* et tibi, Pater.
** *Quand on se confesse, on ajoute :* et te, Pater.

Cʜʀɪsᴛᴜs factus est pro nobis obediens usque ad mortem, mortem autem crucis : propter quod et Deus exaltavit illum.

ʀ. Deo gratias.

L'Oraison Dominicale.

Pᴀᴛᴇʀ noster qui es in cœlis, sanctificetur nomen tuum.

Adveniat regnum tuum.

Fiat voluntas tua, sicut in cœlo et in terrâ.

Panem nostrum quotidianum da nobis hodiè.

Et dimitte nobis debita nostra, sicut et nos dimittimus debitoribus nostris.

Et ne nos inducas in tentationem.

Sed libera nos à malo.

ʀ. Amen.

Pour les pécheurs. Ps. 5o.

Mɪsᴇʀᴇʀᴇ meî, Deus, secundùm magnam misericordiam tuam.

Et secundùm multitudinem miserationum tuarum : dele iniquitatem meam.

Ampliùs lava mea ab iniquitate meà : et à peccato meo munda me.

Quoniam iniquitatem meam ego cognosco : et peccatum meum contrà me est semper.

Tibi soli peccavi, et malum coràm te feci : ut justificeris in sermonibus tuis et vincas cùm judicaris.

Ecce enim in iniquitatibus conceptus sum : et in peccatis concepit me mater mea.

Ecce enim veritatem dilexisti : incerta et occulta sapientæ tuæ manifestasti mihi.

Asperges me, Domine, hyssopo et mundabor : lavabis me, et super nivem dealbabor.

Auditui meo dabis gaudium et lætitiam : et exultabunt ossa humiliata.

Averte faciem tuam à peccatis meis : et omnes iniquitates meas dele.

Cor mundum crea in me, Deus : et spiritum rectum innova in visceribus meis.

Ne projicias me à facie tuâ : et Spiritum Sanctum tuum ne auferas à me.

Redde mihi lœtitiam salutaris tui : et Spiritu principali confirma me.

Docebo iniquos vias tuas : et impii ad te convertentur,

Libera me de sanguinibus, Deus, Deus salutis meæ : et exultabit lingua mea justitiam tuam.

Domine, labia mea aperies : et os meum annuntiabit laudem tuam.

Quoniam si voluisses sacrificium, dedissem utique : holocaustis non delectaberis.

Sacrificium Deo spiritus contribulatus : cor contritum et humiliatum, Deus, non despicies.

Benignè fac, Domine, in bonâ volunate tuâ Sion : ut ædificentur muri Jerusalem.

Tunc acceptabis sacrificium justitiæ, oblationes et holocausta : tunc imponent super altare tuum vitulos.

On ne dit point Gloria Patri.

Oremus.

RESPICE quæsumus, Domine, super hanc familiam tuam, pro quâ Dominus noster Jesus Christus non dubitavit manibus tradi nocentium, et crucis subire tormentum ; qui tecum vivit et regnat in unitate Spiritûs Sancti Deus. Per omnia sæcula sæculorum. ℟. Amen.

Ensuite on fait la lecture de la Méditation.

Et à la fin des prières, on dit trois fois toutes ensemble :

O CRUX, ave, spes unica, Hoc Passionis	Nous vous révérons, ô divine croix, notre unique espérance, et nous

supplions Jésus-Christ, en ce temps consacré à sa Passion, d'augmenter sa grâce dans les justes, et de pardonner aux pécheurs.

Que tout esprit vous loue et vous adore, Trinité souveraine : protégez dans le cours de tous les siècles, ceux que vous daignez sauver par le mystère de la croix.

℟. Ainsi soit-il.

tempore,
Auge piis justitiam,
Reisque dona veniam.
Te summa Deus Trinitas,
Collaudet omnis spiritus :
Quos per crucis mysterium,
Salvos rege per sæcula.

℟. Amen.

On fait les mêmes prières le jeudi et le vendredi au soir.

PRIÈRES

DU JEUDI SAINT

AU MATIN.

Souvenons-nous que Dieu veut être adoré en esprit et en vérité, et pour cela prions-le de tout notre cœur avec attention.

In nomine Patris, et Filii, et Spiritûs Sancti. Amen.

Mettons-nous en la présence de Dieu et l'adorons.

O TRÈS SAINTE TRINITÉ, Père, Fils, et Saint-Esprit, un seul Dieu en trois personnes ; je crois que vous êtes présent ici, même en moi, et que vous avez les yeux arrêtés sur mes pensées, paroles et actions, pour m'en récompenser un jour ou m'en punir.

Prosternée aux pieds de votre divine Majesté, je vous adore avec tout respect et soumission, vous reconnaissant pour mon

Créateur, mon souverain Seigneur et mon Dieu, de qui je dépends en toutes choses pour le temps et pour l'éternité, et à qui je dois et veux obéir en tout et à jamais.

Remercions Dieu de tous les bienfaits que nous avons reçus de lui.

Je vous rends grâces, ô mon Dieu, de ce que vous m'avez créée pour vous connaître, vous aimer, servir et posséder, de ce que vous m'avez rachetée par le précieux sang de votre cher Fils ; appelée à l'Eglise, et à cet état de vie où j'ai le bonheur d'être; de m'avoir conservée cette nuit, et généralement de tous les bienfaits et grâces que vous m'avez faits depuis que je suis au monde.

Excitons-nous au regret d'avoir offensé Dieu, avec résolution de nous amender.

Mon Dieu, je vous demande pardon de tous mes péchés, j'en ai regret et horreur, parce que ce sont des offenses contre votre infinie bonté, que j'aime par dessus toutes choses : je veux m'en garder à l'avenir, moyennant votre sainte grâce.

Offrons à Dieu ce que nous ferons et souffrirons aujourd'hui.

Mon Dieu, je vous offre toutes mes pensées, paroles et actions de ce jour, avec ce que j'y souffrirai, afin que le tout soit pour votre gloire et pour mon salut ; donnez-y, s'il vous plaît, votre bénédiction.

Recommandons à Dieu toutes les nécessités de l'Eglise, tant générales que particulières, avec celles qui nous regardent de plus près.

Mon Dieu, je vous recommande toutes les nécessités de l'Eglise, tant en général qu'en particulier, et entre autres celles de mes parens, de mes bienfaiteurs, de la compagnie, et les miennes propres.

Au lieu du Veni, Sancte Spiritus, *on dit :* Christus factus est pro nobis obediens usque ad mortem, mortem autem crucis.

Oremus.

Respice, quæsumus, Domine, super hanc familiam tuam, pro quâ Dominus noster Jesus Christus non dubitavit manibus tradi nocentium, et crucis subire tormentum ;

qui tecum vivit et regnat in unitate Spiritûs Sancti Deus. Per omnia sæcula sæculorum. Amen.

Puis la lecture du sujet de l'Oraison.

Conclusion de l'Oraison.

Remercions Dieu des grâces que nous avons reçues de sa bonté pendant notre Oraison.

Mon Dieu, je vous remercie des saintes lumières et bons sentimens que vous m'avez donnés dans cette oraison ; que tous vos Saints et Saintes vous en rendent grâces pour moi.

Offrons à Dieu notre cœur avec toutes les bonnes affections et résolutions qu'il a plu à sa bonté de nous donner.

Je vous offre, ô mon Dieu, mon corps, mon âme, et tout ce que je suis : je vous offre aussi tous les bons mouvemens et bonnes résolutions que vous avez donnés à mon pauvre cœur ; ce sont des effets de votre grâce : je vous les rapporte comme à leur principe : à vous seul en soit toute la gloire.

Demandons à sa divine Majesté la grâce de mettre en pratique nos résolutions.

O MON DIEU, qui ne vous contentez pas des bons desseins, mais qui voulez des effets, c'est de vous que je les attends, et de votre grâce, afin qu'après m'avoir donné le vouloir, vous fassiez par votre miséricorde et par les mérites de notre Seigneur et ceux de vos Saints, que j'en vienne à l'exécution.

On dit à l'ordinaire : Angelus Domini nuntiavit Mariæ, et concepit de Spiritu Sancto.

Ave, Maria.

Ecce ancilla Domini, fiat mihi secundùm verbum tuum.   Ave, Maria.

Et verbum caro factum est, et habitavit in nobis.   Ave, Maria.

V. Ora pro nobis, sancta Dei genitrix.

R. Ut digni efficiamur promissionibus Christi.

Oremus.

GRATIAM tuam, quæsumus, Domine, mentibus nostris infunde : ut qui, Angelo nuntiante, Christi Filii tui Incarnationem cognovimus, per Passionem ejus et Crucem

ad Resurrectionis gloriam perducamur.
Per eumdem Christum Dominum nostrum.
Amen.

Et au lieu des Litanies on dit :

Christus factus est pro omnibus obediens usque ad mortem, mortem autem
crucis.

L'Oraison Dominicale.

PATER noster, qui es in cœlis, sanctificetur nomen tuum.

Adveniat regnum tuum.

Fiat voluntas tua, sicut in cœlo et in
terrâ.

Panem nostrum quotidianum da nobis
hodiè.

Et dimitte nobis debita nostra, sicut et
nos dimittimus debitoribus nostris.

Et ne nos inducas in tentationem.

Sed libera nos à malo.

℞. Amen.

Pour les Pécheurs. Ps. 5o.

MISERERE meî, Deus, secundùm magnam
misericordiam tuam.

Et secundùm multitudinem miserationum tuarum : dele iniquitatem meam.

Ampliùs lava me ab iniquitate meâ : te à peccato meo munda me.

Quoniam iniquitatem meam ego cognosco : et peccatum meum contrà me est semper.

Tibi soli peccavi, et malum coràm te feci : ut justificeris in sermonibus tuis et vincas cùm judicaris.

Ecce enim in iniquitatibus conceptus sum : et in peccatis concepit me mater mea.

Ecce enim veritatem dilexisti, incerta et occulta sapientiæ tuæ manifestasti mihi.

Asperges me, Domine, hyssopo et mundabor : lavabis me, et super nivem dealbabor.

Auditui meo dabis gaudium et lætitiam : et exultabunt ossa humiliata.

Averte faciem tuam à peccatis meis : et omnes iniquitates meas dele.

Cor mundum crea in me, Deus : et spiritum rectum innova in visceribus meis.

Ne projicias me à facia tuâ : et Spiritum Sanctum tuum ne auferas à me.

Redde mihi lætitiam salutaris tui : et Spiritu principali confirma me.

Docebo iniquos vias tuas : et impii ad te convertentur.

Libera me de sanguinibus, Deus, Deus salutis meæ : et exultabit lingua mea justitiam tuam.

Domine, labia mea aperies : et os méum annuntiabit laudem tuam.

Quoniam si voluisses sacrificium dedissem utique ; holocaustis non delectaberis.

Sacrificium Deo spiritus contribulatus : cor contritum et humiliatum Deus non despicies.

Benignè fac , Domine , in bonâ voluntate tuâ Sion , ut ædificentur muri Jerusalem.

Tunc acceptabis sacrificium justitiæ , oblationes et holocausta : tunc imponent super altare tuum vitulos.

Oremus.

Respice quæsumus, Domine, super hanc familiam tuam, pro quâ Dominus noster Jesus Christus non dubitavit manibus tradi nocentium, et crucis subire tormentum ; qui tecum vivit et regnat in unitate Spiritûs Sancti Deus. Per omnia sæcula sæculorum.

℟. Amen.

LE VENDREDI SAINT

ET LE SAMEDI MATIN.

v. Christus factus est pro nobis obediens usque ad mortem, mortem autem crucis.

℟. Propter quod et Deus exaltavit illum, et dedit illi nomen, quod est super omne nomen.

Oremus.

Respice quæsumus, Domine, super hanc familiam tuam, pro quâ Dominus noster Jesus Christus non dubitavit manibus tradi nocentium, et crucis subire tormentum ; qui tecum vivit et regnat in unitate Spiritûs Sancti Deus. Per omnia sæcula sæculorum.

℟. Amen.

LES LITANIES

DE LA PROVIDENCE.

Seigneur, ayez pitié de nous.
Jésus-Christ, ayez pitié de nous.
Seigneur, ayez pitié de nous.

Jésus-Christ, écoutez-nous.

Jésus-Christ, exaucez-nous.

Dieu, père des Cieux, faites-nous miséricorde.

Dieu, Fils unique, faites-nous miséricorde.

Dieu, Saint-Esprit, faites-nous miséricorde.

Providence de Dieu, digne objet de l'amour des Anges et des hommes, ayez pitié de nous.

Providence de Dieu, conduite par le cœur de Jésus-Christ,

Providence de Dieu, qui gouvernez tout avec nombre, poids et mesure,

Providence de Dieu, espérance de salut,

Providence de Dieu, consolation de l'âme pélerine,

Providence de Dieu, chemin du Ciel,

Providence de Dieu, guide fidèle de l'âme dans tous les dangers, pour nous les faire éviter,

Providence de Dieu, digne dispensatrice des grâces,

Providence de Dieu, trésor inépuisable de tous biens,

Providence de Dieu, soutien des justes,

Providence de Dieu, espérance des pécheurs les plus délaissés ,

Providence de Dieu, refuge des miséra-
  bles,
Providence de Dieu, recours dans tous
  es besoins,
Providence de Dieu, calme dans les
  tempêtes,
Providence de Dieu, repos du cœur,
Providence de Dieu, asile des affligés,
Providence de Dieu, remède efficace à
  toutes sortes de maux,
Providence de Dieu, qui nourrissez ceux
  qui ont faim,
Providence de Dieu, source de rafraîchis-
  sement,
Providence de Dieu, appui des pauvres,
Providence de Dieu, soutien de la veuve
  et de l'orphelin,
Providence de Dieu, attribut divin qui
  méritez nos hommages, ayez pitié de
  nous.

v. Nous exaltons, Seigneur, votre Providence.

r. Et nous nous soumettons à tous ses
décrets sur nous.

Oraison.

O Dieu éternel, qui ne dédaignez pas de jeter les regards de votre Providence sur nous, pour nous conduire, tout indignes que nous sommes : accordez-nous, s'il vous plaît, la grâce que nous nous abandonnions absolument à tous les ressorts de cette même Providence sur nous pendant le cours muable de cette vie ; que nous puissions arriver à l'immutabilité des biens célestes ; par Notre-Seigneur Jésus-Christ.

Ainsi soit-il.

PRIÈRE.

Je mets donc en vous, mon Seigneur et mon Dieu, toute mon espérance et toute ma ressource ; c'est sur vous que je veux me décharger de toutes mes peines et de mes ennuis, parce que tout ce que je regarde hors de vous, me paraît faible et inconstant.

INSTRUCTIONS

NÉCESSAIRES

AUX SOEURS DE LA CHARITÉ,

SERVANTES DES PAUVRES MALADES.

ARTICLE PREMIER.

*Des vertus qui composent l'esprit des Filles
de la Charité.*

D. COMBIEN y a-t-il de vertus qui composent notre esprit ?

R. Il y en a trois ; savoir : l'Humilité , la
Charité et la Simplicité.

D. Qu'est-ce que l'Humilité ?

R. C'est une vertu chrétienne et morale,
qui nous fait avoir de bas sentimens de
nous-mêmes, et nous fait aimer les rebuts et les mépris, et endurer patiemment, pour l'amour de Dieu, les contrariétés et les confusions qui nous
peuvent arriver.

D. Qu'est-ce que la Charité ?

R. C'est une vertu infuse de Dieu en nos
âmes , qui nous fait aimer Dieu de

tout notre cœur, et notre prochain comme nous-mêmes pour l'amour de Dieu.

D. Qu'est-ce que la Simplicité ?

R. C'est une vertu qui nous fait toujours agir en la présence de Dieu, ne regardant en toutes choses que sa pure gloire et l'édification de notre prochain, faisant toutes nos actions avec autant de perfection et de modestie étant seules, qu'en présence de nos Supérieures.

D. Avec quel esprit les Filles de la Charité doivent-elles servir les pauvres malades ?

R. En esprit d'humilité, de charité, cordialité, compassion, respect et dévotion.

D. Comment les peuvent-elles servir en esprit d'humilité ?

R. C'est-à-dire qu'en regardant Notre-Seigneur en la personne des pauvres, et qu'il a bien voulu lui-même s'abaisser à leur rendre service, quand il était sur la terre, elles se doivent reconnaître indignes d'un si saint emploi.

D. Comment les peut-on servir avec cordialité ?

R. C'est-à-dire qu'elles doivent faire paraître une gaîté modeste, qui leur fasse connaître que c'est d'un grand cœur qu'elles leur rendent ce service.

D. Pourquoi dit-on avec compassion ?

R. C'est qu'elles doivent écouter toutes leurs plaintes avec patience, les supportant dans leurs infirmités, et tâchant de les assister en tout ce qu'elles pourront.

D. Que veut dire avec respect ?

R. C'est que nous devons les regarder comme nos seigneurs et nos maîtres, reconnaissant que nous leur sommes bien obligées, puisque pour ce peu de service que nous leur rendons, nous espérons une si grande récompense qui n'est autre que le paradis. C'est ce qui doit nous porter à leur faire toujours la révérence en les abordant, et tâcher de leur parler toujours avec grande douceur, quand bien même ils rebuteraient ce que nous leur donnons, ou qu'ils nous diraient des injures ou des reproches.

D. Pourquoi dites-vous avec dévotion ?

R. C'est-à-dire, que nous devons faire consister notre dévotion à nous bien acquitter de nos devoirs envers nos chers maîtres, les pauvres, ne négligeant rien de tout ce qui pourrait être nécessaire pour leur soulagement, et préférer à nos dévotions particulières et même d'obligation dans la nécessité, s'occupant toujours l'esprit de quelques bonnes pensées qui nous portent à Dieu, comme aussi de les exhorter à faire de même, et surtout de les bien instruire des principaux mystères de notre foi, le moyen de bien garder les commandemens de Dieu et de l'Eglise, de bien recevoir les sacremens, afin qu'ils puissent bien vivre et bien mourir.

D. Les Filles de la Charité ont-elles besoin d'une grande vertu et perfection ?

R. Oui ; car n'ayant ordinairement pour cellule qu'une chambre de louage ; pour cloître les rues de la ville, ou les salles des hôpitaux ; pour clôture, l'obéissance ; pour grille, la crainte de Dieu ; pour voile, la sainte modestie : elles se doivent comporter en tous les lieux où elles se trouvent parmi le monde avec autant de pureté de cœur, de corps, et avec autant de détachement des créatures, d'édification du prochain, que les religieuses dans la retraite propre à leur état.

ARTICLE II.

Des examens généraux et particuliers.

D. COMBIEN y a-t-il de sortes d'examens?

R. Il y en a de deux sortes, l'un général et l'autre particulier.

D. Qu'est-ce que l'examen particulier?

R. C'est celui qui se fait sur une seule chose, qui est de la vertu que nous avons pour pratiquer, et sur la résolution que nous prenons en l'oraison.

D. Quand est-ce que l'on fait l'examen particulier?

R. Il se fait à onze heures et demie, et à six heures du soir.

D. Combien y a-t-il d'Actes à l'examen particulier?

R. Il y en a trois.

Le premier, demander l'assistance du Saint-Esprit;

Le second, s'examiner et voir si on a été fidèle à la pratique de sa résolution;

Le troisième, remercier Dieu des grâces qu'il nous a faites, et si l'on a manqué, lui en demander pardon.

D. Qu'est-ce que l'examen général?

R. C'est celui qui se fait le soir, pour voir en quoi l'on a offensé Dieu, par pensées, paroles, actions ou omissions,

que l'on a faites pendant toute la journée.

D. Quand est-ce qu'on le fait?

R. A huit heures et un quart , aux prières
que l'on fait avant de se coucher.

D. Combien y a-t-il d'actes en l'examen
général ?

R. Il y en a cinq.

Le premier, l'Action de grâce.

Le second , demander l'assistance du Saint-
Esprit.

Le troisième , s'examiner.

Le quatrième , l'acte de Contrition.

Le cinquième, le Bon-propos.

ARTICLE II.

De la présence de Dieu.

D. En combien de manières se peut-on
mettre en la présence de Dieu ?

R. En quatre manières ; savoir :

Premièrement, se le représenter comme
présent en tout et partout, remplissant
tout au ciel et en la terre, lui dans nous,
et nous dans lui, comme une éponge
dans la mer.

Secondement, comme l'ayant dans notre
cœur d'une manière toute particulière ;
savoir : par grâce, comme la vie de notre
me.

Troisièmement, nous représentant Jésus-Christ regardant ici-bas toutes les créatures, arrêtant ses yeux particulièrement sur nous.

Quatrièmement, le considérant caché au Très Saint Sacrement de l'Autel.

D. En combien de manières Dieu se trouve-t-il dans ses créatures?

R. En quatre manières; savoir : par essence, présence, puissance, et par grâce dans l'âme du juste.

D. Qu'est-ce à dire par essence?

R. C'est-à-dire que Dieu nous ayant donné l'être, continuellement il nous l'a conservé, et que sans cette conservation, nous retournerions dans le néant.

D. Que veut dire par présence?

R. C'est-à-dire que Dieu est dans nous, autour de nous, dessus nous, et qu'enfin il est plus présent à nous, que nous ne le sommes à nous-mêmes.

D. Que veut dire par puissance?

R. C'est qu'il est tout-puissant pour nous châtier, si nous faisons mal, et tout-puissant pour nous récompenser, si nous faisons bien; et enfin qu'il voit tout, qu'il connaît tout, sait tout et entend tout, jusqu'aux plus secrètes pensées de nos cœurs, rien ne pouvant lui être caché.

D. Comment est-il, par sa grâce, dans l'âme du juste?

R. C'est qu'il réside dans son âme comme un Roi dans son Palais, où tout le monde lui obéit sans résistance ; ainsi le Juste est prompt à obéir à la voix de Dieu, qui lui est signifiée par ses Directeurs , Confesseurs ou Supérieurs, et surtout aux inspirations du Saint-Esprit, auxquelles il obéit sans délai; et c'est cette fidélité qui fait que Dieu se plaît à faire sa demeure en lui.

D. Comment faut-il faire un Acte de Foi sur toutes les manières de la présence de Dieu?

R. Mon Dieu, je crois fermement que vous êtes partout, par essence, par présence, puissance, et que vous voyez le plus secret de mon cœur, et que vous pénétrez le plus secret de mon âme pour me châtier ou récompenser un jour.

ARTICLE IV.

De l'Oraison.

D. Combien y a-t-il de sortes d'oraisons ?

R. Il y en a trois; savoir :

L'oraison mentale ,

L'oraison jaculatoire,
L'oraison vocale.

D. Qu'est-ce que l'oraison mentale?

R. C'est de parler intérieurement avec Dieu, lui découvrant nos besoins, faiblesses et misères, quoiqu'il les connoisse mieux que nous, rien ne pouvant lui être caché; lui demandant secours comme un enfant à son père, et pour nous défaire de tout ce qui lui déplaît en nous; et par ce moyen nous nous élevons au dessus de nous-mêmes pour nous unir à Dieu.

D. Combien y a-t-il de parties en l'oraison mentale?

R. Il y en a trois; savoir: la préparation, le corps de l'oraison, et la conclusion.

D. Combien y a-t-il de préparations?

R. Il y en a deux, l'éloignée et la prochaine.

D. En quoi consiste la préparation éloignée?

R. Elle consiste en deux points: préparer son sujet, et disposer son esprit.

D. Combien y a-t-il de choses à la préparation du sujet?

R. Trois; savoir:

La première, lire le sujet de la méditation et tâcher de le bien comprendre.

La seconde, voir à quoi il tend et les résolutions qu'on en peut tirer.

La troisième, le diviser en certains points, comme les motifs et les moyens.

D. Combien y a-t-il de choses à la préparation de l'esprit?

R. Il y en a trois ; savoir :

La première, le recueillement intérieur : entretenant son esprit en de bonnes pensées, conformes au sujet autant qu'il se peut.

La seconde, la récollection extérieure : gardant le silence, ayant la vue recolligée, faisant toutes ses actions posément et tranquillement.

La troisième, la pureté d'intention : renonçant à toute curiosité, vaine satisfaction, respect humain, protestant que nous ne voulons faire l'Oraison que pour la gloire de Dieu et le salut de nos âmes.

D. Quand est-ce que l'on fait la préparation éloignée?

R. On la fait pour l'Oraison du matin, depuis les prières du soir jusqu'à quatre heures et demie du matin que l'Oraison commence ; et pour celle du soir, depuis les cinq heures jusqu'à la demie.

D. Cette préparation est-elle nécessaire ?

R. Oui , parce qu'elle nous tient l'esprit plus recueilli en la présence de Dieu ; et nous dispose mieux à recevoir ses grâces, comme nous voyons que le feu brûle plutôt un bois sec qu'un bois vert.

D. En quoi consiste la préparation prochaine ?

R. Elle consiste en trois points :

Le premier, se mettre en la présence de Dieu ;

Le second, demander l'assistance du Saint-Esprit ;

Le troisième, lire le point de la méditation prochaine ?

D. Quand est-ce que l'on fait la préparation ?

R. On la fait immédiatement avant son Oraison.

D. En quoi consiste le corps de l'Oraison ?

R. Il consiste en trois points :

Le premier, méditer sur le mystère ;

Le second, s'affectionner ;

Le troisième, prendre une résolution de fuir un vice pour acquérir une vertu contraire.

D. En quoi consiste la conclusion ?

R. Elle consiste en trois points :

Le premier, remercier Dieu des grâces

qu'il nous a faites dans l'Oraison, et des bonnes pensées qu'il nous a données.

Le second, offrir nos résolutions au Père Eternel par les mérites de son fils Jésus.

Le troisième, demander à Dieu de les mettre en pratique par les mérites du sang de son fils Jésus, par les prières et intercessions de la Sainte Vierge et de notre bon Ange.

D. Qu'est-ce que l'Oraison vocale ?

R. C'est celle qui se fait de cœur et de bouche tout ensemble, comme lorsque nous disons notre chapelet ou quelques autres prières de la Communauté, et par cette prière nous parlons extérieurement avec Dieu.

D. Lesquelles de ces oraisons sont les plus agréables à Dieu?

R. Ce sont l'Oraison mentale et l'Oraison jaculatoire.

D. Pourquoi lui sont-elles plus agréables?

R. Parce que, par l'Oraison mentale, nous nous élevons au dessus de nous-mêmes pour aller trouver Dieu, en lui parlant cœur à cœur; et que, par l'Oraison jaculatoire, nous lui lançons des traits de notre amour.

D. l'Oraison vocale n'est donc point nécessaire?

R. Pardonnez - moi : particulièrement, quand l'on est distrait en l'Oraison mentale ; elle est fort utile quand elle est faite avec attention.

D. Qu'est-ce que l'Oraison jaculatoire?

R. C'est une courte, mais fervente prière, avec élévation d'esprit à Dieu, que l'on peut faire en allant et venant, pour offrir à Dieu ce que l'on fait, en proférant ces paroles, ou autres semblables :

Mon Dieu, pardonnez-moi les péchés de ma jeunesse.

Mon Dieu, je vous demande pardon de ma vie passée.

Mon Dieu, je vous adore et vous donne mon cœur.

Mon Dieu, je m'offre toute à vous.

Mon Dieu, je veux plutôt mourir en vous aimant que de vivre en vous offensant, etc.

ACTES

EN SE LEVANT.

—

Acte d'Adoration.

Mon Dieu, je vous adore et vous aime de tout mon cœur, vous reconnaissant pour mon Créateur et mon souverain Seigneur et mon Dieu, de qui je dépends entièrement.

Acte de Remercîment.

Mon Dieu, je vous remercie de tous les bienfaits et grâces que vous me faites depuis que je suis au monde, et particulièrement de m'avoir conservée cette nuit ; et de m'avoir donné ce jour pour travailler à mon salut, faites-moi la grâce de l'employer saintement.

Acte d'Offrande.

Mon Dieu, je m'offre et me donne toute à vous, et vous offre tout ce que je ferai, dirai, penserai et souffrirai aujourd'hui en union de tout ce que Jésus-Christ

a fait et souffert lorsqu'il était sur la terre :
faites que le tout soit pour votre gloire et
pour mon salut : donnez-y, s'il vous plaît,
votre sainte bénédiction.

Actes avant l'Oraison.

Mettons-nous en la présence de Dieu.

1° *Par un acte de Foi, en disant :*

Mon Dieu, je crois fermement que vous
êtes ici présent comme partout, que vous
regardez fixement jusqu'au fond de mon
cœur.

2° *Par un acte d'Humilité.*

Mon Dieu, je ne suis pas digne de
paraître devant votre divine majesté,
n'ayant de moi-même que le péché et
l'ignorance.

3° *Par un acte d'Adoration.*

Mon Dieu, prosternée aux pieds de
votre redoutable majesté, je vous adore
avec tout respect et soumission, vous reconnaissant comme mon Créateur, mon
souverain Seigneur et mon Dieu, de qui
je dépends entièrement.

Acte d'Adoration qu'il faut faire à trois heures

Je vous adore, mon Sauveur Jésus-Christ, expirant sur la croix pour mon amour ; je vous remercie de ce que vous êtes mort pour me racheter ; Père Eternel, je vous offre votre cher fils, pendant en croix tout nu, tout déchiré, tout percé d'épines et de clous, tout sanglant, tout languissant, tout souffrant et tout mourant. Oui, mon Dieu, c'est votre cher fils que je vous offre en ce pitoyable état : recevez son divin sacrifice ; acceptez cette offrande que je vous fais, c'est ma rançon, c'est le sang d'un Dieu, c'est la mort d'un Dieu, c'est Dieu même que je vous offre pour le paiement et l'acquit de mes dettes ; je vous l'offre aussi pour le soulagement des âmes du Purgatoire, des cœurs affligés, des malades, des agonisans ; la conversion des pécheurs, la persévérance des justes, et pour vous demander la grâce de bien vivre et de bien mourir.

v. Christus factus est pro nobis obediens usque ad mortem, mortem autem crucis, propter quòd Deus exaltavit illum.

r. Deo gratias.

OFFRANDE

DU TRAVAIL.

Mon Dieu, nous vous offrons le travail que nous allons faire, en esprit de pénitence et d'obéissance ; en satisfaction de nos péchés ; en union des peines et travaux que Notre Seigneur J.-C. a faits et soufferts lorsqu'il était sur la terre, afin que le tout soit pour votre gloire et notre salut ; donnez-y, s'il vous plaît, votre sainte bénédiction.

v. Jésus, Marie, Joseph,

r. Soyez à jamais notre aide.

v. Saint Vincent de Paul, et notre vé-
    nérable Mère,

r. Priez pour nous, s'il vous plaît.

v. Tous les Saints et Saintes du Paradis,

r. Intercédez pour nous, s'il vous plaît,
    Je vous salue, Marie, etc.

Ange, mon fidèle protecteur, ne m'abandonnez pas, éclairez mon esprit et conduisez mes pas ; procurez mon salut, mon divin tutélaire, obtenez-moi toujours le désir et la grâce de bien faire.

J'ai intention de gagner aujourd'hui toutes les indulgences plénières et non plénières, accordées par les très saints Pères les Papes, à toutes et à chacune des œuvres pieuses, intérieures ou extérieures que je ferai, ou qui se feront dans la Communauté : je prie Dieu d'accepter celles qui sont applicables au soulagement des âmes du Purgatoire, particulièrement pour celles qu'il lui plaira de soulager par lesdites indulgences. Celles qui ne sont applicables qu'à moi, je supplie la justice divine de les accepter par sa miséricorde en satisfaction de mes péchés; j'offre aussi à Dieu toutes les satisfactions que je puis lui offrir par tout ce que je ferai et souffrirai : et le prie d'en faire sentir auxdites âmes le soulagement.

v. Requiem æternam dona eis, Domine.
r. Et lux perpetua luceat eis.
v. Requiescant in pace.
r. Amen.
v. Sept fois, *Gloria Patri,* etc.
v. Sancta Trinitas unus Deus,
r. Miserere nobis.
v. Omnes sancti Angeli et Archangeli,
r. Orate pro nobis.
v. Omnes Sancti et Sanctæ Dei,
r. Intercedite pro nobis.

OFFRANDE

DU CHAPELET.

Mon Dieu, recevez nos prières par Jésus-Christ notre Seigneur ; nous vous offrons le chapelet que nous allons dire , pour vous louer et vous glorifier, pour honorer les soixante-trois années que la Sainte Vierge a passées sur la terre, pour vous demander la grâce de l'imiter dans les vertus qu'elle y a pratiquées en particulier : son humilité, sa charité , sa pureté, son obéissance, sa vie intérieure et cachée ; pour satisfaire à nos saintes règles , et pour nos chères sœurs défuntes pour lesquelles nous n'avons pas encore satisfait ; pour les besoins de l'Église , de l'Etat, de la Communauté, ceux du séminaire , et les nôtres en particulier , dans l'intention de gagner les indulgences attachées à notre chapelet, et pour tous ceux pour lesquels nous sommes plus obligées de prier tant vivans que trépassés.

Credo in Deum, etc.

℣. Domine, labia mea aperies.

℟. Et os meum annuntiabit laudem tuam.

℣. Deus in adjutorium meum intende.

℟. Domine ad adjuvandum me festina.

℣. Gloria Patri, etc.

℟. Sicut erat, etc.

Notre Père.

Je vous salue, Marie, fille de Dieu le Père.

Je vous salue, Marie, etc.

Je vous salue, Marie, mère de Dieu le Fils.

Je vous salue, Marie, etc.

Je vous salue, Marie, épouse du Saint-Esprit.

Je vous salue, Marie, etc.

Gloria Patri, etc.

Notre Père, etc.

Très Sainte Vierge, je crois et confesse votre sainte et immaculée conception pure et sans tache ; ô très pure Vierge, par votre pureté virginale, votre Conception immaculée, votre glorieuse qualité de mère de Dieu, obtenez-moi de votre cher Fils, l'humilité, la charité, une grande pureté de cœur, de corps et d'esprit, une sainte persévérance dans ma chère vocation, le don d'oraison, une bonne vie, et une bonne mort.

℣. Je suis la Servante du Seigneur.

℞. Qu'il me soit fait selon votre parole.

℣. O Jésus! soyez-moi Jésus.

℞. Maintenant et à l'heure de ma mort.

Mystère joyeux, pour le lundi , mardi et samedi , depuis l'Avent jusqu'à la Septuagésime.

I.

Verbe incarné, je vous adore au chaste sein de Marie : *et à chaque Ave,* Verbe incarné, je vous adore.

II.

O Jésus, qui avez sanctifié saint Jean dans le sein de sainte Élisabeth, sanctifiez-moi : *et à chaque Ave,* Jésus, sanctifiez-moi.

III.

O Jésus naissant, faites que je renaisse du péché à la vie de la grâce : *et à chaque Ave,* Jésus, naissez en moi.

IV.

O Jésus , qui vous êtes offert à votre Père éternel dans le temple, je m'offre et me donne toute à vous : *et à chaque Ave*, Jésus je me donne toute à vous.

Mon Sauveur Jésus-Christ, par les mérites de vos plaies sacrées , accordez-moi l'humilité, la charité, la douceur, la patience, l'obéissance, une sainte persévérance dans ma chère vocation, une bonne vie, une bonne mort.

V.

O Jésus, par votre recouvrement au temple, faites que je ne perde jamais le souvenir de votre sainte présence : *et à chaque Ave*, Jésus, je vous désire.

VI.

O Jésus, par la victoire que vous avez remportée sur la mort, faites que je triomphe des ennemis de mon salut: *et à chaque Ave*, Jésus, faites que j'entre avec vous dans le Ciel.

Mystère glorieux, pour le dimanche, le jeudi, et pour tout le temps pascal.

I.

O Jésus, par votre glorieuse résurrection, faites que je ressuscite pour l'éternité bienheureuse : *et à chaque Ave*, Jésus, je crois en vous.

II.

O Jésus, par votre glorieuse Ascension dans le Ciel, faites que j'y occupe la place que vous m'y avez préparée : *et à chaque Ave, Jésus, j'espère en vous.*

III.

O Jésus, par la descente du Saint-Esprit sur vos Apôtres, versez sur moi ses dons et ses fruits : *et à chaque Ave*, Jésus, je vous aime.

IV.

O Jésus, par la mort de la Sainte Vierge, accordez-moi la grâce de bien mourir : *et à chaque Ave*, Jésus, je veux mourir pour vous.

Mon Sauveur Jésus-Christ, par les mérites de vos plaies sacrées, accordez-moi l'humilité, la charité, la douceur, la patience, l'obéissance, une sainte persévérance dans ma chère vocation, une bonne vie, une bonne mort.

V.

O Jésus, qui avez couronné la Sainte Vierge Reine du Ciel et de la terre, accordez-moi la persévérance: *et à chaque Ave,* Jésus, je veux ce que vous voulez.

VI.

O Jésus , par la victoire que vous avez remportée sur la mort, faites que je triomphe des ennemis de mon salut : *et à chaque Ave,* Jésus, faites que j'entre avec vous dans le Ciel.

———

Mystère douloureux , pour le mercredi , vendredi , et depuis la Septuagésime jusqu'à Pâques.

I.

O Jésus, par la prière que vous fîtes au jardin des Olives, faites que je vous prie avec attention : *et à chaque Ave,* Jésus, pardonnez-moi mes distractions.

II.

O Jésus, par votre sanglante flagellation, accordez-moi l'esprit de pénitence : *et à chaque Ave,* Jésus, faites-moi miséricorde.

III.

O Jésus, par votre couronnement d'épines, accordez-moi l'esprit d'humilité : *et à chaque Ave,* Jésus, je ne suis rien.

IV.

O Jésus, par votre portement de croix, faites que je porte patiemment les peines et adversités qu'il vous plaira de m'envoyer : *et à chaque Ave*, Jésus, je veux ce que vous voulez.

Mon Sauveur J.-C., par les mérites de vos plaies sacrées, accordez-moi l'humilité, la charité, la douceur, la patience, une sainte persévérance dans ma chère vocation, une bonne vie, une bonne mort.

V.

O Jésus, par votre crucifiement, crucifiez en moi mes passions et mes vices : *et à chaque Ave*, Jésus, pardonnez-moi mes péchés.

VI.

O Jésus, par la victoire que vous avez remportée sur la mort, faites que je triomphe des ennemis de mon salut : *et à chaque Ave*, Jésus, faites que j'entre avec vous dans le Ciel.

Je vous salue, Marie, fille de Dieu le Père, je vous prie de présenter mon entendement au Père Éternel, afin qu'il l'éclaire de ses divines lumières.

Je vous salue, Marie, etc.

Je vous salue, Marie, Mère de Dieu le Fils, je vous prie de présenter ma mémoire à votre cher Fils, afin qu'il y grave le souvenir de sa mort et passion, et les obligations que j'ai de l'aimer.

Je vous salue, Marie, etc.

Je vous salue, Marie, épouse du Saint-Esprit ; je vous prie de présenter ma volonté au Saint-Esprit, afin qu'il l'embrase du feu sacré de son saint et divin amour.

Je vous salue, Marie, etc.

Gloria Patri, etc.

Notre Père, etc.

Je crois en Dieu, etc.

De profundis, etc.

Ave, maris stella, etc.

Les litanies de la Sainte Vierge.

Sub tuum, etc.

Sancta Maria, etc.

Recevez, ô mon Dieu, par les mains de la très Sainte Vierge, les prières que nous venons de vous faire. Nous vous demandons bien pardon des distractions que nous avons eues en disant notre chapelet. Obtenez de votre cher Fils, ô Vierge sainte, toutes les grâces que nous lui avons demandées par votre intercession.

v. Jésus, Marie, Joseph,

r. Soyez à jamais notre aide.

v. Saint Vincent de Paul et notre vénérable Mère,

r. Priez pour nous, s'il vous plaît.

v. Tous les Saints et Saintes du Paradis,

r. Intercédez pour nous, s'il vous plaît.

FIN.